Comment Dieu ouvre
la porte de la foi

Du même auteur

Sermons d'un curé de Paris, Fayard, 1978.
Pain de vie et Peuple de Dieu, Critérion, 1981.
Osez croire, osez vivre, Centurion, 1984.
Premiers pas dans la prière, Nouvelle Cité, 1985.
Le choix de Dieu, de Fallois, 1987.
Six sermons aux élus de la Nation, Cerf, 1987.
La messe, Bayard Éditions, 1988.
Dieu merci, les droits de l'homme, Critérion, 1990.
Le sacrement de l'onction des malades, Cerf, 1990.
Nous avons rendez-vous avec l'Europe, Mame, 1991.
Petites paroles de nuit de Noël, de Fallois, 1992.
Devenez dignes de la condition humaine, Flammarion, 1995.
Le baptême de votre enfant, Fleurus, 1997.
Soyeux heureux, NiL, 1997.
Pour l'Europe, un nouvel art de vivre, PUF, 1999.
Les prêtres que Dieu donne, Desclée de Brouwer, 2000.
Comme Dieu vous aime, Parole et Silence, 2001.
La promesse, Parole et Silence, 2002.

Jean-Marie Lustiger

Comment Dieu ouvre
la porte de la foi

DESCLÉE DE BROUWER

2, passage de la Boule Blanche, 75012 Paris
www.descleedebrouwer.com

ISBN 2-220-05519-1

Avertissement

Le titre donné à ces pages reprend une expression des Actes des Apôtres (14, 27). Après une longue mission, Paul et Barnabé, de retour à Antioche, « réunirent l'Église et se mirent à rapporter tout ce que Dieu avait fait avec eux, et comment il avait ouvert aux païens la porte de la foi ». C'est ce qui, depuis, ne cesse de se reproduire. Il faut inlassablement mieux discerner et méditer ce « comment », la manière dont s'ouvre cette « porte de la foi ».

Pourtant, en ce début du troisième millénaire de l'ère chrétienne, l'annonce de l'Évangile a d'autres dimensions qu'à l'origine, bien sûr, et même qu'au cours des derniers siècles. Si le pape Jean Paul II a parlé de « nouvelle évangélisation », ce n'est pas simplement parce que des cultures fondées sur la foi ont désormais besoin, essentiellement dans les pays riches, d'en retrouver le dynamisme. Mais c'est aussi et surtout parce qu'il devient plus clair aujourd'hui que l'apostolat ne saurait être l'affaire de spécialistes (prêtres et religieux), et fait bien plutôt partie intégrante de la vie de tous les chrétiens.

C'est pourquoi ce petit livre, qui reprend et ordonne des entretiens donnés à Radio Notre-Dame au fil des semaines, avec des résumés publiés dans Paris Notre-Dame, *vise à aider pratiquement les baptisés dans la mission inhérente à leur vocation. Non pas en leur proposant recettes ou consignes formelles, ni même une analyse systématique du contexte actuel. Mais en les incitant à mieux discerner les mystères, les secrets, les paradoxes de la vie spirituelle dans laquelle le témoignage doit s'enraciner et à laquelle il doit conduire. La relation quotidienne au sein de l'Église avec Dieu est à la fois la motivation et le but de la conversion inlassable des baptisés eux-mêmes aussi bien que de ceux et celles qu'ils croisent dans la quête universelle de la vérité et du bonheur. Puissent les uns et les autres faire leur cette prière de Blaise Pascal : « Dieu d'Abraham, Dieu d'Isaac, Dieu de Jacob, non des philosophes et des savants. Certitude. Certitude. Sentiment. Joie. Paix. Dieu de Jésus-Christ. »*

I

L'homme est un animal religieux

Réflexions à partir du préambule de la Déclaration Nostra aetate *(Vatican II)*

1

« À notre époque »

Nous sommes entrés dans une phase nouvelle de l'histoire du monde. Jusqu'au XVIe siècle, les peuples devenus chrétiens appartenaient à l'aire géographique de l'Europe, du Proche-Orient et de l'Afrique du Nord – c'est-à-dire l'ensemble des terres qu'ils connaissaient. À la frontière, les musulmans. Au-delà, un monde indistinct : l'immense Asie, dont on n'avait que quelques notions ; l'Afrique encore largement ignorée ; les Amériques que l'on explorait tout juste. L'époque « moderne » fut celle de la découverte par les Européens de la totalité des hommes. Ce fut aussi, d'une certaine façon, le temps de la rencontre des peuples « baptisés » et des nations « païennes ».

Une confrontation analogue avait déjà eu lieu dans l'Antiquité : la foi chrétienne avait dû s'expliquer avec les religions d'Athènes et de Rome, d'Afrique du Nord et des Gaules, d'au-delà du Rhin, du Danube, de l'Euphrate et des sources du Nil. Ce ne fut pas sans affrontements, qui firent des martyrs. Ce ne fut pas non plus sans crises théologiques et ecclésiales (qu'on se rappelle l'arianisme). Il y fallut plusieurs siècles… et il n'est pas certain que cette confrontation soit achevée.

L'Écriture l'avait prévu et Vatican II l'a vu

Mais, si aujourd'hui l'évangélisation prend des dimensions nouvelles, ce n'est pas fondamentalement en raison du contexte culturel dans les pays riches, caractérisé par un athéisme aussi bien pratique que théorique. C'est plutôt parce que l'universalisme du message biblique a concrètement pris une ampleur que ne soupçonnaient pas ceux qui, les premiers, ont entendu, lu, médité et transmis la Parole de Dieu annonçant la vocation commune des peuples du monde entier et de tous les temps. Nul jusqu'à l'ère « moderne » ne pouvait s'imaginer des êtres humains au-delà d'océans dont on ne savait même pas qu'ils avaient des limites.

Ainsi, l'Écriture disait plus que ce qu'il a été initialement et pendant longtemps possible d'en saisir. C'est le cas, par exemple, lorsque Jésus envoie les Onze en mission : « Allez, et de toutes les nations faites des disciples » (Matthieu 28, 19), ou dans le chant du psalmiste : « Par toute la terre s'en va leur message », dont saint Paul se fera l'écho (Psaume 19, 5 ; cf. Romains 10, 18). Mais « l'apôtre des Gentils » (c'est-à-dire des nations païennes) ne pouvait pas penser aux Chinois, aux Japonais, aux Bantous, et encore moins aux habitants de l'Amérique précolombienne.

La Parole de Dieu est confiée à l'intelligence et au cœur de l'homme comme une lumière dont il ne peut découvrir la portée qu'au fur et à mesure des événements et du développement de l'Histoire. C'est pourquoi, « à notre époque où le genre humain devient de jour en jour plus étroitement uni, l'Église examine plus attentivement quelles sont ses relations avec les religions non-chrétiennes » (*NA* 1).

« À notre époque » est la traduction du latin *Nostra aetate*. Ce sont les deux premiers mots d'un texte de Vatican II. Ils servent, selon l'usage (et ici avec l'abréviation *NA*), à désigner cette Déclaration du Concile, qui ne traite de la religiosité « primitive », des mystiques asiatiques, de l'islam et du judaïsme qu'après un important préambule, qui mérite d'être relu de près.

L'unité du genre humain

Pourquoi cette unification en marche, ce contexte de « mondialisation » (discernée ici bien avant que tout le monde en parle !) incitaient-ils les Pères du Concile à jeter un regard neuf sur les convictions qui habitent les cœurs et orientent la vie des nations ? D'abord parce que, comme l'explique immédiatement *Nostra aetate*, « ce qui pousse les hommes à vivre ensemble leur destinée » est bien sûr « ce qu'ils ont en commun » – à savoir leurs croyances les plus profondes et les plus décisives. Mais ensuite et surtout parce que l'Église se reconnaît pour « tâche de promouvoir l'unité et la charité entre les hommes et aussi entre les peuples » (*NA* 1).

L'Église aurait-elle donc reçu de Dieu pour mission d'œuvrer pour l'unité entre les hommes ? Oui, car c'est le dessein de Dieu. La définition qui ouvre la Constitution conciliaire sur le mystère de l'Église l'affirme :

celle-ci « est dans le Christ comme le sacrement, c'est-à-dire à la fois le signe et le moyen de l'union intime des hommes avec Dieu et de l'unité du genre humain » (*Lumen gentium* 1).

En effet, la fraternité, la charité, l'amour entre les individus et aussi entre les peuples ont leur racine dans la foi en Dieu, créateur du genre humain. Tous les hommes partagent la même et unique condition ; ils sont les enfants du seul Père de tous. Dans cette lumière de Dieu, nul n'a le droit de décréter qu'un être humain n'appartient pas à l'humanité.

Un seul Créateur, un seul Sauveur, un unique Esprit

Il y a plus. Car si, « créés à l'image et à la ressemblance de Dieu », nous sommes frères par notre création, nous le sommes également par notre rédemption. Le Christ s'est fait homme : en assumant notre humanité, il s'est en quelque sorte uni à tous les hommes et, dans sa miséricorde, il délivre tout homme de ses péchés. De même qu'il n'y a qu'un seul Créateur et un seul Rédempteur, un unique Esprit réunit tous les hommes dans l'amour de Dieu.

Voilà donc le point de vue délibérément positif à partir duquel la religiosité foncière de l'humanité est reconnue par la foi chrétienne.

2

Le regard serein du croyant

Nous devons nous efforcer de comprendre les religions non-chrétiennes comme elles se présentent elles-mêmes. Et – ce qui peut paraître contradictoire – nous ne cessons pas d'être fidèles à la foi en prêtant cette attention aux hommes qui rendent un culte à Dieu à leur façon, voire dans l'ignorance totale de la Révélation.

« Tous les peuples forment, en effet, une seule communauté » (*NA* 1). Cette affirmation est lourde de conséquences. Elle implique que les différences légitimes ne devraient pas entraîner l'hostilité, l'exclusion ou le mépris, et encore moins la guerre ou des relations de conquête et de dépendance. Sur quels fondements repose cette vision de l'humanité que nous donne la foi ?

Une seule origine, une seule fin

Chaque être humain est fait pour entrer en communion avec tous. Nous ne pouvons exister en dehors de l'espérance de cette communion avec la totalité de nos frères, les hommes qui vivent sur notre terre, y ont vécu ou y vivront.

Cette communauté que nous formons n'est pas une fusion illusoire et impossible à vivre : elle s'explique par notre vocation. « Les hommes ont une seule origine puisque Dieu a fait habiter toute la race humaine sur la face de la terre » *(Ibid.)*. C'est ainsi – et non en se référant à la Genèse – que saint Paul, au milieu de l'Aréopage, explique aux païens l'unité du genre humain (Actes des Apôtres 17, 26).

Nostra aetate reprend cette approche, en précisant que tous les hommes « ont aussi une seule fin dernière ». Ce terme théologique désigne ce pour quoi nous vivons. Ce n'est pas la fin au sens chronologique, comme la mort est la fin de la vie terrestre ou la chute de rideau, la fin d'une pièce de théâtre. Au contraire, la « fin dernière » est ce qui « finalise » et oriente toute une vie, en lui donnant de recevoir le plus haut bien qu'elle poursuit. C'est comme l'objectif vers lequel tend une trajectoire, ou comme la dynamique qui suscite un élan et lui donne d'aboutir. Mais à quoi ?

Faits pour Dieu

Quelle est cette seule fin, commune à tous, qui accomplit l'existence humaine ? Le Concile répond : « Dieu. » Il exprime par là ce que pensent les croyants. Mais les athées ? A-t-on le droit de soutenir devant eux pareille affirmation ? Face à ceux qui n'ont jamais entendu parler de Dieu, qui doutent ou qui nient son existence, les chrétiens ont le devoir de garder cette certitude de la foi : la plus haute grandeur de l'homme est destinée à tout homme. Avec saint Augustin au tout début de ses *Confessions*, nous reconnaissons : « Tu nous as faits pour toi, Seigneur, et notre cœur est sans repos tant qu'il ne repose pas en toi – *Fecisti nos ad Te, Domine, et inquietum est cor nostrum donec requiescat in Te.* »

Nostra aetate ne rappelle pas que les hommes peuvent reconnaître ou ne pas reconnaître Dieu. Le texte conciliaire ne va pas aussi loin que saint Paul au début de son Épître aux Romains. En s'appuyant sur d'autres passages de l'Écriture (Sagesse 8, 1 ; Actes 14, 17 ; Romains 2, 6-7 ; 1 Timothée 2, 4), il se contente de constater dans la foi que « la providence, les témoignages de bonté et les desseins de salut s'étendent à tous ».

Regard serein du croyant qui porte dans sa prière l'énigme de la vie des hommes et rend grâce pour la bonté de Dieu. Lui qui pourvoit pour tous « fait tomber la pluie sur les justes et les injustes » (Matthieu 5, 45). La vie et ses bénédictions sont accordées à tous sans discrimination. Non seulement le Créateur ne rejette aucun être humain, mais le Rédempteur aime chacune de ses créatures, nos frères, y compris dans leurs malheurs et leurs souffrances, dans leurs destins si divers et parfois si cruels. Dieu « veut que tous les hommes soient sauvés » (1 Timothée 2, 4).

Le secret du monde

Voilà le secret du monde, que nous portons, alors que beaucoup ne se savent pas aimés, ne croient pas à l'amour ou refusent un amour qu'ils ne comprennent pas, qui leur paraît chimérique, fou, voire oppressant, et auquel ils sont indifférents ou fermés. Nous qui, par grâce, connaissons l'amour de Dieu, nous ne pouvons pas ne pas croire que Dieu aime tous les hommes, et ce « jusqu'à ce que les élus soient tous réunis dans la cité sainte, que la gloire illuminera et où tous les peuples marcheront à sa lumière ».

Cette formulation de l'Apocalypse (21, 23) est reprise dans le préambule de *Nostra aetate*. Les « élus », c'est la foule innombrable de ceux que Dieu rassemblera. En serons-nous ? Nous ne pouvons esquiver cette question, qui soulève l'ultime mystère de notre liberté. Dans le face-à-face avec Dieu, toute vie humaine sera pesée. Devant le Seigneur, juge véridique et père miséricordieux, nous devrons rendre compte de nos actes. Son regard porté sur tous les hommes qu'il aime nous fera voir la vérité de notre vie.

3

Le mystère de la condition humaine

Nostra aetate situe donc le problème des religions en général dans la perspective de l'unité du genre humain, en raison à la fois de son origine (Dieu lui-même qui le crée) et de son unique fin dernière (Dieu toujours, sans qui nous ne pouvons vivre et qui aime tous les hommes).

Cette bienveillance universelle de Dieu motive l'évangélisation. C'est la Bonne Nouvelle que saint Paul annonce aux « païens ». Par exemple, à Lystres avec Barnabé, il enjoint à la foule qui les prend pour des dieux d'« abandonner ces sottises pour se tourner vers le Dieu vivant [...]. Dans les générations maintenant révolues, il a laissé toutes les nations suivre leurs voies, sans manquer pourtant de leur témoigner sa bienfaisance » (Actes des Apôtres 14, 15-17).

La question du salut

À Athènes, « l'apôtre des nations » est saisi d'indignation devant les monuments dédiés aux innombrables divinités, sans oublier « le dieu inconnu ». Face au foisonnement des idoles et à ces dévoiements du sens religieux, saint Paul s'écrie : « Nous ne devons pas penser que la divinité ressemble à de l'or, de l'argent ou du marbre, travaillés par l'art et l'imagination de l'homme. Car voici que Dieu, sans tenir compte de ces temps d'ignorance, fait maintenant savoir à tous et partout d'avoir à se convertir, parce qu'il a fixé un jour pour juger l'univers avec justice, par un homme qu'il y a destiné, offrant à tous une garantie en le ressuscitant des morts » (*Ibid.* 17, 29-31).

Paul n'hésite pas à évoquer ici le mystère du salut. En l'entendant parler de résurrection, la plupart des Athéniens refusèrent de le croire. *Nostra aetate* se contente de déployer l'histoire de l'humanité, depuis la création jusqu'à la Jérusalem céleste – la cité sainte où Dieu rassemblera tous ceux qu'il appelle à partager son amour –, et ne reprend qu'implicitement la question que l'on s'est si souvent posée : qui donc peut être sauvé, et à quelles conditions ?

Est-ce là, de la part de Vatican II, une dérobade ? C'est plutôt respect de la Parole de Dieu, car le vieil adage « Hors de l'Église point de salut » ne suffit pas à régler le problème. Le Concile traite abondamment dans d'autres textes (notamment les Constitutions *Lumen gentium* 2-5, 9, 48 et *Dei Verbum* 2-4) du mystère du salut en rapport avec l'appartenance à l'Église.

Dieu ne juge pas

Cependant, si *Nostra aetate* remet à Dieu la question du Jugement dernier, ce n'est pas parce que tel n'est pas directement son objet ni pour esquiver la question, mais bien plutôt par fidélité à l'enseignement de Jésus. Celui-ci ne cesse en effet de redire à ses disciples que le Jugement n'appartient qu'au Père, car lui seul « voit dans le secret » la vérité de nos choix. C'est lui qui, au terme de l'Histoire, dévoile la vie des hommes : mensonge ou vérité, fidélité ou trahison, avancée vers la vie que Dieu donne ou refus de cette vie, amour ou péché. Somme toute : salut ou perte. Jésus dit : « Ne jugez pas et vous ne serez pas jugés » (Matthieu 7, 1). Autrement dit : n'exercez pas le jugement qui ne peut être porté que par Dieu, car lui seul sonde les reins et les cœurs, et Dieu ne vous jugera pas.

La Déclaration conciliaire ouvre dans son introduction une autre perspective : « Les hommes attendent des diverses religions la réponse aux énigmes cachées de la condition humaine qui, hier comme aujourd'hui, troublent profondément le cœur humain. » Le rôle des religions est esquissé ici à la lumière de la Révélation. C'est une réflexion sur les défis que rencontrent les hommes dans leur existence mortelle. Elle est formulée en termes analogues dans l'Écriture, notamment dans la Sagesse et chez saint Paul.

Des interrogations qui demeurent

Il est vrai que ces affirmations positives sont suivies de propos plus polémiques… L'athée rétorquera : « Ces énigmes seront un jour résolues par la science », ou bien : « Ces spéculations sont vaines ; mieux vaut les ignorer. » Il s'agit là d'un autre débat : celui de la rationalité critique qui s'exerce contre les religions et qui prétend les disqualifier. Mais pour éliminer sinon les religions, du moins le caractère foncièrement religieux de la condition humaine, il faudrait pouvoir évacuer les questions, ou leur apporter une réponse qui s'impose absolument…

Reste pour nous, croyants, à comprendre pourquoi le Christ nous a élus, choisis pour être ses disciples, les membres de son Corps, appelés à participer à sa vie ressuscitée et à la partager. Comment pouvons-nous, avec les Samaritains, témoigner qu'il est « le Sauveur du monde » ? Après que la femme rencontrée par Jésus au puits de Jacob a attesté : « Il m'a dit tout ce que j'ai fait », ils accourent en effet pour le voir, et il reste deux jours parmi eux. Ils le voient de leurs yeux, l'écoutent et croient à sa parole : « Nous l'avons entendu nous-mêmes et nous savons qu'il est vraiment le Sauveur du monde » (Jean 4, 42).

4

Le sens de la vie

Déjà dans le Psaume 8, le croyant interrogeait Dieu : « Qu'est-ce que l'homme pour que tu penses à lui ? Le fils d'un homme pour que tu t'en soucies ? À peine le fis-tu moindre qu'un dieu... » La réponse est déjà donnée par cette question à la fois simple et complexe.

Qu'est-ce que l'homme ?

Nous savons bien intuitivement ce qu'est un être humain : l'enfant d'un homme et d'une femme. Le débat actuel sur le statut de l'embryon tombe dans une confusion considérable si l'on ne reconnaît pas la qualité humaine, l'appartenance à notre espèce de l'être conçu dans le sein d'une femme. Qui aurait le droit de lui dénier la dignité de personne humaine ? Celle-ci est reçue de Dieu, et non décernée par quiconque.

Tous savent, intuitivement au moins, ce qu'est l'humanité – bien que, pratiquement, nous y ayons manqué souvent au cours des siècles et y manquions encore. Hier, l'esclavage : vendre des humains comme des bêtes ou des objets. Aujourd'hui : prostitution, asservissement par le conditionnement ou des doctrines qui dénient à certaines catégories la pleine dignité humaine. Il vaut la peine d'y réfléchir : reconnaissons-nous vraiment à tous les autres les mêmes droits qu'à nous ? Pas toujours car, comme le chantait Georges Brassens, « les braves gens – c'est-à-dire nous, n'est-ce pas ? – n'aiment pas que l'on suive une autre route qu'eux ».

Les réponses des biologistes, des ethnologues, des sociologues et des philosophes laissent chacun de nous devant une énigme insoluble : pourquoi suis-je moi et pas un autre, en retrouvant pourtant en tout autre un semblable et un frère ?

Les énigmes de l'existence

Nostra aetate formule ainsi la question : « Quels sont le sens et le but de la vie ? » Déjà, un être humain qui refuserait de s'interroger de la sorte étoufferait en lui-même une part de son humanité. Cependant, les réponses sont nombreuses. Les croyants ne sont pas seuls à en donner et, parmi eux, les fidèles du Christ ne font pas l'unanimité.

Mais le même texte conciliaire pose aussitôt une autre question, qui éclaire la précédente : « Qu'est-ce que le bien et qu'est-ce que le péché ? » Notons que c'est le péché et non le mal qui est opposé au bien – autrement dit non pas ce qui est mauvais, mais le mal que l'homme commet et qui engage sa responsabilité. C'est, pour la conscience humaine, le problème fondamental.

Les Pères du Concile insistent : « Quels sont l'origine et le but de la souffrance ? Quelle est la voie pour parvenir au vrai bonheur ? Qu'est-ce que la mort ? » Elle est toujours ressentie comme une injustice. « Le jugement ? » Nous ne cessons d'évaluer notre propre vie, que ce soit avec une sévérité excessive ou avec une indulgence presque aveugle, tandis que le regard des autres nous jauge et que nous pressentons le verdict final d'une puissance supérieure. « Et la rétribution après la mort ? » C'est une question que toutes les civilisations et religions se posent peu ou prou. « Qu'est-ce enfin que le mystère dernier et ineffable qui entoure notre existence, d'où nous tirons notre origine et vers lequel nous tendons ? » (*NA* 1). Le Concile, bien sûr, entend ici évoquer Dieu, que l'homme connaît ou ne connaît pas.

L'espace comblé par la Révélation

Nous pouvons répondre à ces questions en nous référant à la Bible et à l'Évangile. Ce faisant, nous n'épuiserons jamais la Parole de Dieu. Car elle nous apprend bien plus que ce que ces interrogations n'impliquent au départ. La quête d'un au-delà ou d'un sens de la vie ne prépare pas immanquablement la Révélation de Dieu, l'Unique et Véritable, notre Créateur et notre Père, qui se manifeste et dévoile ainsi ce qu'est l'homme.

La Révélation apporte la lumière de Dieu sur lui-même et sur l'homme. Les religions expriment les questions que se pose l'homme, non sans l'aide de Dieu, sur lui-même et sur Dieu. Entre la Révélation et les religions, il y a l'espace qui sépare l'énigme de son dévoilement, c'est-à-dire l'intelligence de la raison d'être et de la finalité de l'homme. Entre l'homme qui cherche Dieu à tâtons et Dieu qui se révèle à l'homme pour que celui-ci puisse le connaître et en vivre, la rencontre ne s'accomplit pleinement que dans le mystère du Verbe fait chair, de sa Croix et de sa gloire.

Nostra aetate se situe précisément dans cet écart, décisif pour l'évangélisation, entre les attentes des hommes et ce vers quoi elles tendent sans pouvoir encore l'atteindre. C'est dans cette perspective qu'après son préambule (*NA* 1), le texte conciliaire traite des autres religions, en commençant par celles que l'Antiquité chrétienne appelait « païennes » – les cultes des autres « nations », parfois très anciens ou ce qui en subsiste (chez les aborigènes d'Afrique et d'Australie, des deux Amériques, etc.) –, avant d'aborder l'hindouisme et d'autres mystiques asiatiques (*NA* 2), puis l'islam (*NA* 3) et, dans son chapitre le plus développé (*NA* 4), le judaïsme. La conclusion (*NA* 5) du document souligne que la fraternité universelle exclut toute discrimination « en raison de la race, la couleur, la classe ou la religion » et annonce ainsi la Déclaration *Dignitatis humanae* sur la liberté religieuse.

5

La dimension religieuse, constitutive de l'homme

« Depuis les temps les plus reculés jusqu'à aujourd'hui, on trouve dans les différents peuples une certaine sensibilité à cette force cachée qui est présente au cours des choses et aux événements de la vie humaine » (*NA* 2). Le Concile attire ici l'attention sur ce que nous apprennent les religions anciennes, antérieures à la Révélation, ou celles qui, encore de nos jours, sont proches d'une tradition orale, par exemple les religions animistes en Afrique et ailleurs.

Ces religions cosmiques, que nous disons « archaïques », sont liées à une perception « première » que l'homme a de lui-même, de la société et de la nature. Elles nous font reconnaître le caractère foncièrement religieux de la condition humaine. Les paléontologues le savent bien : certaines espèces animales, plus évoluées, peuvent avoir des embryons d'outil, faire preuve d'une certaine intelligence – jusqu'à mettre en relation un effet et une cause ; mais seul l'homme, éveillé à la conscience de lui-même, est capable de répondre par des gestes religieux aux questions fondamentales de l'existence.

Le sentiment religieux

Aujourd'hui, qu'en est-il ? Cette attitude religieuse de l'homme, affronté aux énigmes de la vie et de l'univers, concerne-t-elle seulement certaines cultures que n'ont pas encore « libérées » les technologies modernes ? Eh bien, non : nous la retrouvons partout, en France et en Europe aussi – et sans qu'il soit besoin d'évoquer les cultes druidiques !

Cette religiosité ne s'exprime pas que dans les religions « archaïques ». Elle subsiste en tout être humain. Un exemple simple : le sentiment que suscitent en nous le spectacle du monde, la douleur, la mort... remue des perceptions, des réflexes, des pensées qui sont propres à la sensibilité de chacun, mais sont en tout homme le signe d'un acquis dont l'origine est impossible à identifier et qui pourtant appartient à l'humanité de l'homme.

Une analogie avec le langage peut nous aider à le comprendre. Le français que nous parlons est le produit de langues antérieures qui remontent dans la nuit des temps. Il ne peut pas y avoir eu de rupture dans la chaîne de transmission, depuis la parole des premiers hommes. Le pouvoir de parler, inné dans l'homme, correspond à des structures physiologiques (gosier, cordes vocales, bouche, et aussi cerveau), mais ne se développe que par apprentissage et évolution, de génération en génération. Toutes les langues proviennent de cet extraordinaire phénomène humain qu'est le langage symbolique, où s'origine la mémoire de l'humanité.

C'est de la même façon que l'orientation religieuse, constitutive de l'humanité, demeure présente dans les réactions, les pensées et les sentiments de nos contemporains.

Des symboles universels

Les symboles qui parlent encore aux hommes d'aujourd'hui sont ainsi ceux que l'homme a reçus de son origine. Par exemple, pour l'ouverture des Jeux olympiques, on a tenu à restaurer un rite du feu remontant à l'Antiquité païenne. En vérité, cette symbolique n'a jamais cessé d'être vivante dans la liturgie chrétienne du baptême : au cours de la nuit de Pâques, nous continuons, à l'ère de l'électricité, d'exprimer notre foi à travers la flamme qui illumine.

Nous suivons en cela le Christ lui-même, qui déclare : « Je suis la lumière du monde » (Jean 8, 12) et qui dit à ses disciples : « Vous êtes la lumière du monde » (Matthieu 5, 14). Jésus n'emprunte pas cette comparaison au paganisme. Il reprend les symboles religieux de la Bible et des liturgies juives, qui assument le patrimoine même de l'humanité. Bien plus, par ce qu'il est, ce qu'il dit, ce qu'il fait, ce qu'il révèle de Dieu et de nous-mêmes, il donne à ces symboles une dimension nouvelle : la splendeur de la loi reçue au Sinaï et le resplendissement de sa Résurrection.

Un fond commun

Ainsi, tous les symboles des différentes religions communiquent entre eux d'une certaine façon. Ce fond commun est peut-être à peine perceptible de nos jours dans nos pays que la technique a détachés du contact de la nature ; il demeure cependant réel et irremplaçable. On ne peut pas inventer des symboles religieux comme on fabrique des slogans publicitaires. La « culture pub » nous enseigne la précarité des modes : images et messages « prennent » un certain temps, puis se périment et tombent dans l'oubli. En revanche, les symboles les plus fondamentaux (l'eau, le feu, la terre, le ciel, etc.) sont inhérents à la place de l'homme dans le monde. Ils ont ainsi une puissance universelle, même s'ils ne trouvent leur sens que dans les moments décisifs de l'existence (l'amour, l'enfantement, la mort) et, grâce aux perspectives ouvertes par la Révélation, dans les événements-clés de l'histoire du salut qu'ils commémorent.

6

Pierres d'attente

On sait la place qu'a tenue le thème du « bon sauvage » dans la pensée occidentale et particulièrement française. Le Huron de Voltaire en est une des expressions tardives. Lorsqu'ils entraient en contact avec ces peuples si nouveaux à leurs yeux d'Européens, les explorateurs et les missionnaires ont quelquefois cru découvrir un état antérieur de l'humanité, plus proche des origines et peut-être mieux disposé à accueillir la Révélation de l'unique vrai Dieu.

Plus que le « civilisé », le « sauvage » est sensible aux mouvements des astres, au rythme des saisons, à l'harmonie du cosmos. Ce dernier mot, grec, suggère bien l'univers de la nature avec ses dynamiques, pris comme un tout dont la cohérence frappe l'homme quand il le découvre, même s'il lui paraît mystérieux et parfois terrifiant. Il y a là quelque chose à discerner et comprendre, une « force cachée », « présente au cours des choses » comme « aux événements de la vie humaine » (*NA* 2). Chacun a l'intuition que toute existence, jusque dans ses aspects et moments d'abord ressentis comme inacceptables, s'inscrit dans une certaine logique.

L'intuition d'un Dieu transcendant

Deviner que des forces supérieures sont à l'œuvre n'est pas encore nommer Dieu. Mais c'est déjà reconnaître que la vie du monde dépend d'une puissance plus grande que l'homme, qui n'est ni le hasard ni l'absurdité. Si elle s'ordonne dans la pensée humaine, c'est parce qu'elle est ordonnée dans la réalité. La « re-ligion », l'attitude religieuse, consiste à « re-lier » le tout de l'univers et de la vie humaine avec cette « force cachée » qui l'anime et lui donne sa cohérence.

Le Concile dit que la sensibilité religieuse mène « parfois même [à] une reconnaissance de la Divinité suprême » (*NA* 2). On notera qu'il n'est pas dit « Dieu ». L'écart est énorme, en effet, entre le Dieu, l'Unique, le Tout Autre qui s'est révélé à l'homme, et une « Divinité » dont on ne sait pas qui elle est, que les cultures identifient différemment et dont la « suprématie » peut supposer d'autres « dieux ».

Ethnologues et anthropologues ont souvent repéré dans les religions « archaïques » la présence d'une force supérieure à toutes les autres, qui commande aux puissances plus ou moins démoniaques et aux mécanismes de la nature. Les hommes essaient de la maîtriser ou de se la rendre propice par des rites et des invocations. Des missionnaires se sont demandé s'il n'y avait pas, dans ces cultes, un pressentiment de Dieu. D'aucuns ont même pensé à une révélation primitive qui se serait peu à peu perdue.

C'est une pure conjecture, que rien ne permet de vérifier historiquement. La Bible nous apprend que le péché de l'homme obscurcit son cœur et que c'est la raison pour laquelle il lui est si difficile de reconnaître Dieu dans ses œuvres. Au commencement de la Révélation, Dieu se manifeste à Abraham. Dans un tout autre contexte de civilisation, quand il monte à l'Aréopage, saint Paul constate : « Athéniens, vous êtes, je le vois, les plus religieux des hommes. [...] J'ai découvert un autel au dieu inconnu. Ce que vous vénérez ainsi sans le connaître, je viens, moi, vous l'annoncer » (Actes des Apôtres 17, 22 et suivants).

La figure paternelle

Cependant, à « reconnaissance de la Divinité suprême » le Concile ajoute : « ou encore du Père » – le Père avec une majuscule, c'est-à-dire celui qui est à l'origine de toute chose. De là à soutenir qu'il s'agit du Dieu créateur au sens où la Révélation nous permet de le nommer, invitant notre esprit à penser l'inconcevable transcendance, il y a de nouveau un pas qu'il ne faut pas franchir.

La Création, en effet, n'est pas une fabrication. L'homme n'est pas « créateur » à la manière de Dieu. Il ne l'est que par analogie, créé lui-même « à l'image et à la ressemblance de Dieu ». Mais seul Dieu crée, c'est-à-dire donne à ce qui n'existait pas d'exister, le fait subsister, être là. Dans ses œuvres, l'homme manifeste sa liberté et son intelligence, mais sans que celles-ci cessent d'être des créatures qui reçoivent leur force de l'amour de Dieu qui les porte.

Encore de nos jours

Beaucoup ont l'intuition de la « Divinité suprême », ou voient en elle une figure paternelle. Et « cette sensibilité et cette connaissance pénètrent leur vie d'un profond sens religieux » (*NA* 2). Il ne s'agit pas ici seulement de la religion de l'homme de Cro-Magnon ou de nos ancêtres des cavernes et des cités lacustres. Car cette sensibilité demeure celle de nos contemporains, même s'ils n'en ont que rarement conscience ou s'évertuent à la nier dans nos civilisations modernes. Elle resurgit irrésistiblement à l'occasion de tel ou tel événement, personnel ou médiatisé.

En raison des progrès technologiques, ou plutôt de la façon dont nous les utilisons, nos sociétés ont perdu (ou risquent de perdre) ce trésor, que leur culture peine à respecter et intégrer. Mais nous le retrouvons intact par exemple chez nos frères, les chrétiens d'Afrique, qui apportent à l'Église et au monde cette richesse d'un sens religieux qui sous-tend toute l'existence.

7

Dieu connaissable dans sa Création

Les Églises d'Afrique ne sont à vrai dire pas les seules à nous rappeler ce que la religiosité comporte en même temps de « naturel » et d'attente de la plénitude de la Révélation. Qui ne se souvient de l'extraordinaire photo du Pape coiffé d'une parure emplumée d'Indien ? Ce n'était pas du folklore. À maintes reprises, Jean Paul II s'est adressé aux aborigènes, qui ont gardé, même une fois christianisés, des intuitions et des traditions des religions de leurs pères.

Les « semences du Verbe »

Ainsi, à Saint-Domingue, dans son message aux populations les plus anciennes des Amériques, il expliquait en octobre 1992 : « Il y a aujourd'hui cinq cents ans, l'Évangile de Jésus Christ est arrivé à vos peuples. Mais déjà auparavant, et sans peut-être qu'ils l'aient soupçonné, le Dieu vivant et vrai était présent, éclairant leurs chemins. L'apôtre saint Jean nous dit que le Verbe, le

Fils de Dieu, “est la vraie lumière qui éclaire tout homme venant en ce monde” (Jean 1, 9). En effet, les “semences du Verbe” étaient déjà présentes et éclairaient le cœur de vos ancêtres pour qu’ils puissent découvrir des traces du Dieu créateur dans toutes ses créatures : le soleil, la lune, la terre mère, les volcans et les forêts, les lagunes et les rivières. Mais, à la lumière de la Bonne Nouvelle, ils ont découvert que toutes ces merveilles de la Création n’étaient qu’un pâle reflet de son Auteur, et que la personne humaine, parce qu’elle est “à l’image et à la ressemblance” du Créateur, est très supérieure au monde matériel et est appelée à un destin transcendant et éternel. [...] À la lumière de la Révélation chrétienne, les vertus ancestrales de vos pères, telles que l’hospitalité, la solidarité, l’esprit généreux, ont trouvé leur plénitude dans le grand commandement de l’amour, qui doit être la loi suprême du chrétien. La conviction que le mal, c’est la mort, et que le bien, c’est la vie, a ouvert leur cœur à Jésus, qui est “le Chemin, la Vérité et la Vie” (Jean 14, 6). » (Texte complet dans *Documentation catholique* n° 2061 du 6 décembre 1992, p. 1034.)

L’accord des traditions

Il vaut la peine de lire aussi le discours que Jean Paul II a prononcé en novembre 1986 à Alice Springs, devant les aborigènes d’Australie : « Pendant des milliers d’années, vous avez vécu sur cette terre et modelé une culture qui demeure jusqu’à nos jours. Et pendant tout ce temps, l’Esprit de Dieu a été avec vous. [...] Pendant des millénaires [...], vous avez mené une vie spirituellement proche de la terre, avec ses animaux, ses oiseaux, ses poissons, ses mares, ses rivières, ses collines et ses montagnes. Étroitement liés à la terre, vous étiez en contact avec la relation sacrée entre l'homme et Dieu, car la terre était la preuve d'une puissance vitale plus grande que vous-mêmes. Vous évitiez de polluer la terre, de l'épuiser pour vous en éloigner une fois qu'elle serait devenue stérile. Vous aviez conscience que votre terre était liée à la source de la vie. Le silence du *bush* [de la brousse] vous enseignait une tranquillité d'âme qui vous mettait en contact avec un autre monde – le monde de l'Esprit de Dieu. Votre attention scrupuleuse aux détails de la parenté témoignait de votre respect pour la naissance, la vie et la génération humaines. [...] Vous avez fait preuve d'une dignité qui s'est ouverte au message de la Sagesse de Dieu, révélée à tous les hommes et toutes les femmes. [...] Il est merveilleux de voir à quel point les hommes, en acceptant l'Évangile de Jésus, découvrent des points d'accord entre leurs propres traditions et celles de Jésus et de son peuple. » (Texte complet dans *Documentation catholique* n° 1932 du 11 janvier 1987, p. 61-62.)

Dieu ne se cache pas

Cette méditation nous renvoie à celle de saint Paul au premier chapitre de l'Épître aux Romains. Pour brosser le panorama de l'histoire du salut, l'apôtre décrit les attitudes religieuses des Païens et des Juifs. C'est à ceux-ci que Dieu s'est révélé et a fait connaître sa gloire en les délivrant de l'idolâtrie. « Le salut vient des

Juifs », déclare Jésus à la Samaritaine (Jean 4, 22). Les Païens, ce sont les autres nations, qui ne connaissent pas Dieu par la Révélation, mais se font une certaine idée de la divinité. Elles sont toutes appelées à découvrir en Jésus Christ le Fils rédempteur, son Père le Créateur et, par la grâce de l'Esprit consolateur, à entrer dans le mystère du Dieu unique et transcendant.

Saint Paul argumente : « Ce que l'on peut connaître de Dieu est manifeste pour les Païens : Dieu le leur a manifesté » (Romains 1, 19). Dieu ne s'est pas caché aux hommes, puisque ceux-ci sont faits par lui et pour lui. Sans préciser le moyen de cette connaissance, l'apôtre affirme que, « pour l'intelligence, Dieu est visible dans ses œuvres ». Pense-t-il au Psaume 19 : « Les cieux chantent la gloire de Dieu » ? Par raisonnement ou par déduction, l'homme peut remonter de l'effet à la cause, comme si l'éclat de la lumière permettait d'imaginer le soleil qui en est la source. Ou bien, par intuition, en découvrant la splendeur du monde, il peut y lire la gloire du Créateur.

8

L'athéisme aujourd'hui

On vient de le voir : une seule phrase du premier chapitre de l'Épître aux Romains sous-tend le propos de la Déclaration conciliaire sur les religions non-chrétiennes. Mais, dans cette lettre, Paul ne cherche pas à montrer comment, dans les différentes religions, les hommes peuvent connaître Dieu. C'est devant l'Aréopage d'Athènes qu'il s'y est risqué (Actes des Apôtres 17, 22). Lorsqu'il écrit aux chrétiens de la capitale de l'Empire, l'apôtre s'emploie au contraire à suggérer comment l'orientation religieuse se fourvoie quand elle ne reste pas fidèle à cette intuition de l'existence de Dieu.

Une tentation d'idolâtrie

Les aspirations de l'homme demeurent toujours ambiguës. Sa capacité de chercher l'absolu du Bien peut se retourner vers l'absolu du mal. Tout cela pose la question de l'idolâtrie en ses diverses formes, mais aussi celle de l'athéisme.

La négation moderne de Dieu relève-t-elle de ce que l'auteur de l'Épître aux Romains nomme l'idolâtrie ? Il nous faut oser répondre : oui. Pourtant, l'athéisme nie l'existence de toute divinité. Il entend prouver qu'il n'y a là qu'une mystification, une illusion dont l'homme est à la fois l'auteur et la victime. Comment dire, alors, que l'athéisme serait une forme d'idolâtrie ?

La réponse est simple : c'est la raison humaine qui est son idole. En quelque sorte, l'athéisme prend comme norme de la raison cette raison elle-même. Il se déclare sujet et maître de ce vers quoi il tend. Il s'enferme dans sa solitude dès lors qu'il ne voit pas à quel autre s'adresser en dehors de lui-même. La raison humaine est ainsi prisonnière de sa propre souveraineté.

Les questions fondamentales

La tentation idolâtrique de l'athéisme est mise à jour par les questions fondamentales énumérées dans le préambule de *Nostra aetate*. Parcourons-les de nouveau.

« Qu'est-ce que l'homme ? » S'il décide qu'il n'y a pas de dieu (avec ou sans majuscule), qu'il n'y a rien qui soit supérieur à la lumière et au tribunal de sa propre raison, comment peut-il s'expliquer à lui-même qu'il ait reçu cette faculté qui fait de lui un homme ?

« Quel est le sens et le but de sa vie ? » Si l'on répond qu'elle n'a pas d'autre sens que celui que l'homme lui donne, pas d'autre but que celui que l'homme détermine, on aboutit à un nihilisme destructeur. En ce début

de millénaire, où jamais l'humanité n'a été aussi nombreuse et n'a tué autant de ses enfants, cette double question du sens et du but de l'existence humaine prend une urgence redoutable.

« Qu'est-ce que le bien ? » Est-ce ce que l'homme décrète ? A-t-il le pouvoir de fixer ce qui est mal et ce qui ne l'est pas ? N'y a-t-il pas là le risque de déboucher sur les désordres politiques les plus suicidaires, les pathologies sociales les plus dévastatrices des civilisations ?

« Qu'est-ce que le péché ? » Il n'est pas ici question du mal subi, mais de la responsabilité dans l'usage de la liberté. Si l'homme choisit ce qui est le contraire du bien, il commet un acte libre que l'on peut nommer une faute. Mais reconnaître qu'il s'agit d'un péché, c'est découvrir dans la liberté humaine la présence de sa source divine.

« Quels sont l'origine et le but de la souffrance ? » Il s'agit ici du mal objectif, que l'homme subit : souffrance non seulement du corps mais aussi de l'intelligence, souffrance morale et affective, souffrance de toutes les déceptions et de toutes les blessures – scandale insupportable et insurmontable pour la raison.

« Quelle est la voie pour parvenir au vrai bonheur ? » C'est la question fondamentale. On connaît la réponse la plus paradoxale qui ait jamais été donnée : celle que Jésus propose dans les Béatitudes. Il fait une description déconcertante du bonheur de l'homme et, en même temps, du chemin à parcourir pour y accéder.

« Qu'est-ce que la mort ? » À cette question que seul l'homme se pose, l'idée qu'il n'y a pas de Dieu interdit

toute réponse : il n'y a plus qu'à se résigner à laisser sans solution l'énigme de son inéluctable trépas.

« Qu'est-ce que le jugement et la rétribution après la mort ? Qu'est-ce, enfin, que le mystère dernier et ineffable qui entoure notre existence, d'où nous tirons notre origine et vers lequel nous tendons ? » Autrement dit : qu'est-ce que Dieu ?

« Voici l'homme »

Ces questions permettent de saisir la démarche qui oriente cette analyse du fait religieux. Le Concile a moins voulu donner une interprétation chrétienne des religions que montrer comment elles font apparaître le questionnement fondamental sans lequel il n'y a pas d'humanité.

Sur ces interrogations, la lumière de la Révélation jette une lumière nouvelle : la réponse que Dieu lui-même suscite en l'homme par sa Venue. Lorsque, selon le mot de Pilate présentant Jésus à la foule, nous l'entendons dire : « Voici l'homme », nous découvrons en Le regardant qui Il est et ce que nous sommes. Le Christ, nouvel Adam, manifeste pleinement l'homme à lui-même, en même temps qu'Il lui montre le Père, son Père et notre Père.

II

« Le veau d'or est toujours debout »

Les formes permanentes et contemporaines de l'idolâtrie

1

Les hommes ne peuvent se passer de dieux

Il n'y a pas si longtemps, la fin de la religion semblait irréversiblement programmée. L'opinion reçue était qu'avec la civilisation moderne, caractérisée par la surabondance des objets fabriqués, la spirale de la consommation, les villes nouvelles et les autoroutes, la technologie triomphante et les progrès foudroyants de la médecine, de la communication, etc., la religion (et donc le religieux) serait désormais reconnue par tous comme un tissu de superstitions et tomberait inéluctablement dans les poubelles de l'Histoire.

Sous-entendu : le christianisme serait lui-même une somme de croyances archaïques dont la déchéance entraînerait bientôt la disparition du clergé, lequel tirait son pouvoir de l'obscurantisme. La nouvelle civilisation en train de naître verrait s'épanouir la « cité séculière », libre et raisonnable, établie sur la science, le respect de chacun et l'autonomie de tous – une société enfin heureuse et paisible, affranchie de ses peurs sans cesse attisées (disait-on) par la religion, source de contraintes, d'oppression, d'intolérance et de haine.

Le « retour du religieux »

Surprise ! À la place de ce que les observateurs décrivaient comme « les débris du christianisme » – reprochant aux prêtres de n'avoir pas fait leur métier et à l'Église de n'avoir pas su occuper le terrain en adaptant sa doctrine – surgissent des phénomènes religieux étranges, beaucoup plus « aberrants » que le catholicisme visé par ces critiques : foisonnement de sectes, groupements d'inspiration ésotérique, importation de pratiques empruntées aux religions orientales – sans parler de l'explosion de « fondamentalismes ». Illusions, errances extravagantes et fanatisme démentent donc les augures. « Le religieux est de retour. »

Comment l'expliquer ? Pour certains, c'est une régression, le fait d'une société inquiète, en péril. En quête de consolation ou de sécurité, les gens se jetteraient dans n'importe quoi. Ainsi, le recours à l'astrologie est aussi répandu qu'au XVIe siècle dans l'Europe dite chrétienne. Et pourtant, les cultes des étoiles et les horoscopes avaient été combattus par le christianisme naissant. L'Église a dû extirper de l'Empire romain la conviction que les mouvements des planètes déterminaient la vie des hommes. Saint Augustin s'y employait encore dans *La Cité de Dieu* (livre 5).

À chaque société son dieu ?

La Bible nous offre un outil décisif pour comprendre tout cela, et d'abord la raison pour laquelle la religion est l'activité qui caractérise toute société humaine. Depuis la première page de la Genèse jusqu'à la dernière de l'Apocalypse, le fait central est que Dieu, l'Unique, le Seul, se révèle. Mais quelle place prend-il face aux hommes auxquels il se manifeste ? La place des dieux.

Par ce mot – les dieux – il convient d'entendre tout ce que les hommes prennent comme symboles sacrés d'une puissance qui leur est supérieure, qui régit le cours du monde, qui leur fixe un idéal au-delà de leurs limites, qui les tire vers ce qu'ils ne connaissent pas. Cette définition des dieux, volontairement un peu floue, englobe non seulement ce qui, dans l'existence de chacun, lui permet de galvaniser ses énergies et de trouver la source d'une exigence pour avancer, mais aussi ce qui, pour une société, est mobilisateur, donnant une pensée commune, consolidant la cohérence d'un groupe humain qui puise là ses raisons de vivre, lui permettant de se penser au milieu du monde en maîtrisant le monde. La religion et ses divinités sont ainsi constitutives de l'existence sociale des hommes.

La variété des dieux est aussi infinie que celle des langues et des cultures. Mais ces dieux sont-ils de la même catégorie que l'Unique qui se révèle à Moïse, « Dieu d'Abraham, Dieu d'Isaac, Dieu de Jacob, Dieu de Jésus Christ », comme l'écrit Pascal dans son *Mémorial* ? Autrement dit, le Dieu de la Bible est-il un dieu parmi les autres ?

Peut-être serions-nous portés à répondre : « Il est plus

grand, plus vrai, meilleur » – ce que d'autres affirmeront de leur dieu. D'autres encore diront : « À chacun son dieu, à chaque peuple ses idéaux. Soyons respectueux et tolérants. »

Celui qui se révèle

La Révélation du Dieu vivant et vrai fait reconnaître Celui qui n'est comparable à aucun des dieux. Non qu'il soit plus ou moins qu'eux. Il n'est pas un des dieux des hommes. Il se manifeste en « se nommant » lui-même. Le « Nom » de Dieu, le « tétragramme » sacré, ce qui veut dire les quatre lettres hébraïques lues « Jéhovah » au XVIe siècle et (plus exactement) « Yahwé » par les modernes, n'est pas le « nom propre » du dieu des Hébreux, à la manière dont tel dieu germain était connu comme Wotan ou le dieu des dieux du Panthéon romain était appelé Jupiter.

Ce Nom signifie précisément que Dieu qui se révèle est unique et au-dessus de tout. Il est Celui qui donne à l'homme son existence, que l'homme ne peut pas concevoir et n'a pas de mot pour désigner – à moins que Dieu lui-même, en se révélant, ne permette à l'homme de s'adresser à Lui et de Le connaître.

2

L'aliénation par les idoles

Si l'on explique à des enfants que Dieu a révélé son Nom à Moïse, ils demanderont peut-être, comme je l'ai entendu : « Son nom de famille ou son petit nom ? » La question n'est pas si mauvaise, car le Nom révélé par le Seigneur lui-même à la demande de Moïse est plutôt une phrase : « Je suis qui je suis. » Et Dieu précise : « Tu parleras ainsi aux fils d'Israël : "Je Suis" m'a envoyé vers vous » (Exode 3, 13-14).

La tradition biblique s'est établie très vite de ne pas prononcer ce Nom, parce que ç'aurait été se l'approprier, déjà le banaliser, le ranger dans la catégorie humaine des dieux. Or Dieu est au-dessus de tout et dépasse la compréhension. L'Écriture le désigne par des expressions multiples et variées, qui évoquent ses attributs mais non qui il est, car lui seul peut le dire. Nous ne connaissons Dieu, l'Unique, qu'en acceptant d'être saisis par lui et de découvrir dans la foi, dans l'amour et dans l'espérance ce qu'il accomplit, comme l'a fait « notre père Abraham ».

Des projections qui emprisonnent

La Révélation de Dieu par lui-même met en lumière ce que sont les dieux des hommes. Ces dieux des peuples et des nations, la Bible les désigne par le mot « idoles ».

Les critiques modernes de la religion au XIXe siècle et au début du XXe ont décrit un processus qu'ils ont appelé « aliénation ». Une formule de Marx nous fait comprendre ce dont il s'agit : « La religion est l'opium du peuple. » Cette analyse s'applique parfaitement à ce que la Bible nomme les « idoles » : l'homme projette imaginairement l'objet de son désir, de sa crainte ou de ses pulsions et en devient prisonnier.

Un exemple manifeste : dans le désert du Sinaï, pendant que Dieu se révèle à Moïse sur la montagne de l'Horeb, les Israélites protestent auprès d'Aaron : « Fais-nous un dieu qui marche à notre tête, car ce Moïse, cet homme qui nous a fait monter du pays d'Égypte, nous ne savons pas ce qui lui est arrivé. » Aaron, cédant à la pression de la foule, récupère les boucles d'oreilles en or et fabrique un veau d'or, selon la représentation courante d'une divinité populaire chez les peuples de l'Orient ancien (Exode 32). On connaît la suite.

Dieux impuissants

Dans leur prédication, les prophètes, ceux par lesquels Dieu parle à son peuple, dénoncent les dieux comme des images que l'homme se fabrique, qui ne peuvent rien pour lui et l'aliènent au contraire, le rendant esclave de son propre désir et, finalement, de la mort. Seul Dieu, l'Unique, le Vivant peut donner la vie alors que les idoles mènent à l'anéantissement de la mort.

La Bible explique de bien des manières que les dieux sont impuissants. Par exemple, le Psaume 113, chanté aux vêpres du dimanche, offre une caricature provocante, quasiment rationaliste des dieux des hommes : « Notre Dieu est dans les cieux. Tout ce qu'il a voulu, il l'a fait. Leurs idoles sont d'argent et d'or, faites de main d'homme. Elles ont une bouche et ne parlent pas ; des yeux et ne voient pas ; des oreilles et n'entendent pas..., des pieds et ne marchent pas. Que leurs auteurs leur ressemblent, et avec eux tous ceux qui comptent sur elles ! »

L'auteur du Livre de la Sagesse, quant à lui, montre un homme qui, d'un morceau d'arbre, confectionne un ustensile qui servira dans la vie quotidienne. Avec les rebuts, il fait du petit bois pour le feu. « Reste un déchet qui ne peut servir à rien. Il le sculpte en image d'homme ou de vil animal, se prosterne devant cet objet sans vie et l'invoque » (Sagesse 13, 11-19). Ou encore, un père affligé par la mort de son fils fait exécuter un portrait de son enfant et lui rend les honneurs comme à un dieu (*Ibid.* 14, 15-16). De même, les images des rois deviennent objets d'adoration : « Ainsi, la vie humaine se laissa prendre au piège, lorsque des hommes, victimes du malheur ou du pouvoir, attribuèrent à la pierre ou au bois le Nom incommunicable » (*Ibid.* 14, 17-21).

« Désensorceler » la dimension religieuse

Par cette analyse des idoles, la critique biblique des religions anticipe la rationalité moderne ! Notre père Abraham avait compris que les astres ne sont pas Dieu, mais que celui-ci est l'Unique, « Dieu très haut, qui crée ciel et terre » (Genèse 14, 22).

Ainsi, dans la Bible, les dieux sont du néant, ou bien des démons, des puissances obscures qui habitent l'homme et le détournent de la vérité, du bien et de la vie. La révélation de l'Unique projette une lumière nouvelle sur les attitudes religieuses des hommes pécheurs. Ils ne peuvent pas ne pas se fabriquer des idoles. Mais la révélation du Nom « désensorcèle », purifie, sauve la dimension religieuse constitutive de l'homme et lui permet d'entrer en relation avec le seul vrai Dieu, source de toute vérité et de tout accomplissement. Loin d'en être aliéné, l'homme s'en trouve libéré.

3

Des sacrifices à l'offrande de sa vie

« Le veau d'or est toujours debout » : ce grand air du *Faust* de Charles Gounod n'a rien perdu de sa force pour décrire la place de l'idolâtrie dans notre civilisation. C'est pourquoi la révélation de Dieu, le Vrai, l'Unique, le Vivant, demeure plus que jamais nécessaire pour « désacraliser » les idoles et ainsi rendre disponible la capacité religieuse de l'homme.

Un seul exemple suffira : le sacrifice. C'est une réalité aussi ancienne que l'humanité elle-même. Les hommes sont poussés à rendre un culte aux « puissances supérieures », à cet au-delà d'eux-mêmes vers lequel s'ouvre l'infini de leur désir et qu'ils emplissent des projections de leurs pulsions. On offrira ainsi aux divinités ce qui est précieux, mais aussi des créatures vivantes, des animaux, voire des êtres humains.

« Les mains pleines de sang » ou « le cœur broyé » ?

En Israël, le culte rendu à Dieu, l'Unique et le Vrai, conduit à transformer radicalement ces rites d'oblation et d'immolation. Les sacrifices ne sont plus des rites destinés à se protéger des puissances maléfiques et apaiser le courroux de divinités jalouses, mais chacun est une prière de reconnaissance et un acte d'amour envers Dieu, seul maître de l'homme. Le geste biblique du sacrifice exprime avant tout la conversion du cœur dans la liberté d'orienter sa vie vers le Père des cieux.

À maintes reprises, Dieu rappelle à son peuple par la bouche des prophètes : « Qu'ai-je à faire de l'encens importé de Saba !... Quand j'ai fait sortir vos pères du pays d'Égypte, je ne leur ai rien demandé comme holocauste ni comme sacrifice. Je ne leur ai dit que ceci : "Écoutez ma voix et je deviendrai Dieu pour vous. Et vous, vous deviendrez un peuple pour moi. Suivez bien la route que je vous trace, et vous serez heureux" » (Jérémie 6, 20 ; 7, 22-23). Ou encore : « Que me fait la multitude de vos sacrifices ? Les holocaustes de béliers, la graisse des veaux, j'en suis rassasié... Vos mains sont pleines de sang. Lavez-vous. Purifiez-vous. Cessez de faire le mal » (Isaïe 1, 11.15-16 ; Amos 5, 22).

La tentation permanente d'une régression

Le psalmiste, qui l'a bien compris, chante : « Le sacrifice voulu par Dieu, c'est un esprit brisé. Dieu, tu ne rejettes pas un cœur broyé qui se tourne vers toi » (Psaume 51, 19).

Ainsi, le rite sacrificiel, qui est universel, trouve dans la Révélation biblique une dimension nouvelle, jusqu'à devenir ce sacrifice du cœur, louange jaillie sur les lèvres, offrande libre de soi-même, mais aussi action de grâce du peuple rassemblé par Dieu.

Israël a été constamment tenté de retourner à l'idolâtrie, de céder à la fascination des dieux que l'homme se fabrique, préférant à la rude émancipation des enfants de Dieu cet esclavage apparemment plus facile. Mystère de la liberté humaine, que Dieu appelle à être guérie et à se déployer dans l'amour et la vérité, mais qui s'y dérobe et se replie sur elle-même... Le paganisme a toujours été présent comme une tentation au cœur d'Israël, et inlassablement les prophètes ont redit la nécessité de la lutte et les exigences de la fidélité à Dieu, le seul que l'homme doive aimer, adorer et servir.

Ce culte « dans l'Esprit et dans la Vérité » (Jean 4, 23), Jésus le vivra en plénitude par l'offrande de sa vie, accomplissant la prière du psalmiste : « Tu n'as voulu ni offrande ni sacrifice, mais tu m'as façonné un corps. Alors j'ai dit : "Voici, je viens, ô Dieu, pour faire ta volonté" » (Psaume 40, 7 ; Hébreux 10, 5-9).

« Mammon »

Jésus dénonce avec force ce que l'homme met à la place de Dieu : « Personne ne peut servir deux maîtres. Ou il haïra l'un et aimera l'autre, ou bien il s'attachera à l'un et méprisera l'autre. Vous ne pouvez servir Dieu et Mammon » (Matthieu 6, 24).

Ce dernier mot araméen est traduit habituellement par

« argent ». Mais Jésus ne s'attaque pas au système monétaire ni ne prône le retour au troc… Jésus utilise précisément ce surnom ridicule de « Mammon d'injustice » pour désigner ce que l'homme fait de l'argent lorsqu'il le met à la place de Dieu.

Dans le Sermon sur la Montagne, Jésus enseigne que la lutte contre l'idolâtrie appelle à une rupture sans concession : pour répondre à l'amour de Dieu par un acte libre, l'homme doit littéralement s'arracher aux idoles dont il est devenu l'esclave. Le Christ sur la Croix accomplit la délivrance des hommes. Il les délivre de leur servitude et leur rend la vie en faisant mourir en son corps tout ce qui est péché. Désormais, ils sont les pierres vivantes du Temple nouveau, l'Église, assemblée de Dieu chargée de sa louange en ce monde au long des siècles. Ils peuvent donc rendre le culte « en esprit et en vérité ».

À leur tour, les peuples païens qui recevront la Bonne Nouvelle devront entrer dans ce combat spirituel pour être libérés des idoles par la grâce du Christ.

4

Les résurgences du paganisme

Que s'est-il passé lors de l'évangélisation des peuples d'Occident ? L'apôtre Paul l'a expliqué aux convertis de Thessalonique : « Vous vous êtes tournés vers Dieu en vous détournant des idoles, pour servir le Dieu vivant et véritable, et pour attendre des cieux son Fils qu'il a ressuscité des morts » (1 Thessaloniciens 1, 9).

D'aucuns se souviendront du *Polyeucte* de Pierre Corneille : le héros brise les statues des idoles, pour être fidèle, jusqu'au martyre, à Celui qu'adore Pauline, son épouse. Polyeucte ne supporte pas de rivaux au seul Dieu, l'Unique, le Vrai.

Les ruptures n'ont pas toujours été aussi brutales. Lorsque les peuples païens ont été baptisés, leurs temples ont pu être transformés en sanctuaires chrétiens. Des sites de culte celte ou gaulois, des sources miraculeuses ou des arbres sacrés ont été consacrés à la Vierge ou à tel saint. Des superstitions attachées à ces lieux ont ainsi pu survivre à leur christianisation.

L'idolâtrie toujours renaissante

L'histoire d'un pays comme la France montre que des croyances archaïques et des dérives idolâtriques subsistent aux marges de l'évangélisation. Et, pour peu que faiblisse la lumière de la foi, cette religiosité préchrétienne peut foisonner jusqu'à prendre la place du culte « dans l'Esprit et dans la Vérité » et des sacrements de l'Église, voire les instrumentaliser à son profit.

C'est pourquoi, au fil des siècles, des réformateurs – grands saints, humbles prédicateurs, laïcs – n'ont pas cessé d'appeler leurs contemporains à résister aux idoles et à « se retourner » vers la vérité de l'Évangile, vers la connaissance et l'amour du Christ, mort pour nos péchés et ressuscité pour notre vie. Dans un pays que l'on dit chrétien, l'idolâtrie est toujours renaissante. C'est une pente naturelle du cœur de l'homme, qui doit sans relâche se « dépaganiser » et se laisser christianiser en profondeur – jusqu'à ce qu'apparaisse la Jérusalem céleste.

Ces superstitions sont dénoncées tant par le rationaliste au titre de l'esprit critique que par le véritable croyant en raison de sa foi en Dieu, unique et transcendant. Les dieux « faits de main d'homme » sont, à tout prendre, facilement repérables.

Ce qui remplace les dieux païens

Mais Jésus démasque de bien plus redoutables idoles : tout ce qui possède l'homme et l'empêche d'accéder à Dieu. Et il nomme la richesse, la volonté de puissance, la vengeance et la haine – bref, ce qui occupe la place de Dieu dans la liberté de l'homme et fait de ce dernier un pécheur. L'homme se propose comme son bien ce qu'il désire, au point de se détourner de Dieu.

Les réalités idolâtrées sont identifiables dans les personnifications que le paganisme antique leur a façonnées. Par exemple, pour la guerre Mars, pour la convoitise amoureuse Vénus – sans oublier les dieux infernaux, qui correspondent à la part d'ombre en toute âme humaine. Ce n'est pas sans raison que Sigmund Freud s'est servi des mythes helléniques, plutôt que des figures bibliques, pour décrire les structures inconscientes de la psychologie.

C'est ainsi que, là où le christianisme a fait tomber les dieux païens, on voit renaître l'idolâtrie sous des formes masquées, que l'on peut qualifier de sauvages. On dirait en effet que l'image que l'homme se fait de lui-même ou de son désir se substitue aux statues abattues, comme si des instincts primitifs venaient annuler des millénaires de civilisation.

Là où le seul vrai Dieu n'est pas reconnu...

La religion est morte, disait-on encore il y a quelques années en visant le christianisme. Or celui-ci n'est pas plus en récession en Occident qu'il ne le fut à plusieurs reprises au fil des vingt derniers siècles.

Dès que l'effort de conversion se relâche, les objets divinisés du désir prennent dans la société la place de Dieu, au point que nous en sommes aveuglés sur nous-mêmes. Je me souviens, après un long temps de retraite spirituelle dans la solitude et la prière, m'être retrouvé d'un coup dans les rues d'une ville. Je regardais les vitrines d'un œil déshabitué, désencombré. « Seigneur, ai-je pensé, c'est donc cela ? » Car je voyais, enfin, ce que nous adorons.

Qu'y a-t-il dans les vitrines, sur les affiches, dans les médias ? Des objets offerts pour que nous les achetions : images du désir et des dieux de l'homme. On divinise la voiture en la parant de forces symboliques. On magnifie le désir sexuel en exhibant le corps de la femme, de l'homme, de l'enfant. On justifie la volonté de puissance et l'agressivité sous couvert du sport ou du spectacle de la violence. Et que dire du culte des vedettes – ces dieux éphémères qui alimentent des dévotions d'autant plus dévorantes ?

Nous n'avons pas affaire à un « retour du religieux » – il n'a jamais disparu ! –, mais à un foisonnement de l'idolâtrie païenne, que l'athéisme est bien en peine de convertir, ou plutôt qu'il favorise. Et la vraie question est la nature du « religieux » : s'il n'est pas le service du Dieu vivant, il est fatalement le culte des idoles. Tout homme – le païen comme le juif et aussi le chrétien – est ainsi sans cesse soumis à la tentation idolâtrique et sa vie spirituelle est un combat.

5

Le combat spirituel

Un conflit entre deux adversaires irréductibles, une lutte sans compromis possible : voilà comment Jésus nous décrit le combat spirituel où il nous entraîne pour notre salut, pour nous libérer de l'adoration des idoles dont nous risquons de rester les esclaves.

La Bible nous l'apprend, Jésus le confirme avec rigueur : les ennemis de Dieu sont aussi et tout autant ceux de l'homme. Car c'est le cœur de celui-ci – sa liberté, son intelligence – qui est à la fois le champ de bataille et l'enjeu de l'affrontement. L'issue sera la vie ou la mort.

Les pseudonymes de l'ennemi

Jésus utilise plusieurs noms pour désigner l'adversaire, car il est protéiforme. Au pays des Géraséniens (Luc 8, 30), l'ennemi sommé de s'identifier répond, avec un humour involontaire, qu'il s'appelle « Légion ». Mais Jésus le nomme aussi Mammon et même César. Au début et à la fin de l'Évangile, cependant, il apparaît comme Satan, le Tentateur (Luc 4, 1-13 ; 22, 39-45 et parallèles synoptiques).

Dans ces épisodes, la nature exacte du combat spirituel se laisse pressentir. Jésus montre que l'idolâtrie ne désigne pas seulement les divinités des religions païennes. Le choix spirituel du chemin qui mène à la vie et non à la mort ou à la destruction de l'homme se situe d'abord et en toute clarté à l'intérieur des décisions par lesquelles chacun oriente sa vie et répond ainsi à la vocation donnée à l'homme par la Révélation. Le combat spirituel ainsi défini est propre à la tradition juive et chrétienne.

Mais revenons à deux oppositions sur lesquelles Jésus insiste dans son enseignement : d'abord Dieu contre Mammon, puis Dieu face à César.

Tout s'achète ?

Jésus, on l'a vu, explique : « Nul ne peut servir deux maîtres » (Matthieu 6, 24). L'homme ne peut jamais être l'esclave que d'un seul maître, dont il fait son « dieu » – à moins qu'il ne devienne serviteur de Dieu, le seul Seigneur qui le rende libre. Et Jésus affuble du sobriquet de Mammon le mauvais maître qu'est l'argent. Pourquoi ? L'argent est un moyen d'échange inventé par l'homme et qui lui permet, suppose-t-il, de posséder tout. Au point où est parvenue la civilisation humaine, « l'argent » est devenu une réalité numérique abstraite, une valeur convertible qui peut s'échanger universellement.

Sous-entendu : tout ce qui existe dans le monde peut s'acheter ; il suffit d'y mettre le prix.

Mais peut-on acheter aussi des êtres humains, des consciences ? Peut-on acheter le respect, la loyauté, l'amour ? Non, répondra-t-on spontanément en s'indignant. N'y a-t-il pas cependant lieu de soupçonner que réside dans le cœur de l'homme suffisamment de complicité avec cet argent, ce Mammon si puissant, pour en faire un dieu ? Pour posséder quoi ? Précisément de l'argent ! C'est là que nous devons reconnaître le piège.

L'homme se laisse acheter par de l'argent, pour avoir de l'argent et pouvoir acheter d'autres choses, d'autres personnes. Voilà bien le cercle infernal de Mammon, qui crée un faux universalisme, un substitut au sens, à la valeur de la vie. Cela devient une manière d'abstraire l'existence humaine, qui se transforme en Mammon, en quelque chose de quantifiable, chiffrable, achetable, vénal – pour la perte des hommes. La phrase de Jésus prend dans notre civilisation une force étonnante.

Que rendre à César ?

L'Évangile cite encore une autre idole : César. Juste avant la Passion, les pharisiens posent à Jésus la question : « Est-il permis de payer le tribut à César ? » Jésus répond : « Montrez-moi la monnaie qui sert à payer. Cette effigie et cette inscription, de qui sont-elles ? » Ils doivent bien reconnaître : « De César. » D'où ces paroles énigmatiques de Jésus : « Rendez à César ce qui est à César et à Dieu ce qui est à Dieu » (Matthieu 22, 17-21).

Cette conclusion du Christ peut sembler évidente : chacun chez soi, et tout le monde s'entendra bien ; les curés à la sacristie, les militaires dans leurs casernes, les instituteurs dans leur école, le menuisier à son établi et César en son palais… Mais est-ce bien ce que Jésus veut dire ?

En vérité, payer l'impôt est le signe de l'appartenance politique, la marque de la sujétion du citoyen par rapport à la société elle-même. Dans la démocratie idéale, le souverain c'est le peuple et donc chacun pour sa part. Mais c'est une illusion de penser que le système démocratique – fonctionnât-il à la perfection – empêche l'existence d'un pouvoir supérieur aux individus et distinct de chacun d'eux comme de leur totalité (l'État, la nation, la société), contre quoi nul ne peut entrer en guerre sans risquer d'être broyé.

Que dois-je rendre à César qui appartient à César ? Et à Dieu qui appartient à Dieu ? Ce qui appartient à Dieu, c'est ma dignité d'homme, que Dieu me donne et que je ne peux garder qu'en la recevant de lui. C'est ma liberté, ma conscience, le choix fondamental de mon existence. Ce que je dois rendre à César, c'est ce qu'un homme est légitimement en mesure de demander à un autre homme pour permettre à tous d'accomplir leur vocation dans le respect de ce qu'ils sont et de ce à quoi Dieu les appelle.

On ne peut faire de César un dieu, ni de Dieu un César ! C'est néanmoins pour l'homme la tentation suprême que de se faire l'esclave de César afin d'échapper à Mammon…

6

L'idolâtrie vaincue

Ethnologues et sociologues ont montré comment la religion était souvent la forme sacrée qui cautionnait, assurait la cohérence d'une société et régulait son fonctionnement. On comprend pourquoi, réciproquement, la sacralisation de la société amène à en faire le centre d'un culte. Non que le pouvoir utilise toujours la religion. Mais l'homme prend alors pour dieu la société, ce qui revient à se prendre soi-même pour dieu dans une existence collective qui donne sens à la vie de chacun et permet la cohésion de l'ensemble.

Ce phénomène est visible non seulement dans les sociétés païennes les plus anciennes, mais aussi dans des systèmes politiques récents. Voilà pourquoi le communisme et également le nazisme ont pris un tour extraordinairement « religieux ». Les démocraties apparemment les plus libérales elles-mêmes sont tentées de s'instaurer en quelque façon un culte. Tous les peuples ont leurs rites, leurs fêtes nationales, que les autorités utilisent pour créer et entretenir une cohésion sociale. Ainsi voyons-nous émerger des religions de substitution

– nous pouvons dire des religions civiles, laïques –, même quand aucun Dieu n'est nommé, sinon en creux, en filigrane de l'image de César, c'est-à-dire de la société elle-même.

Déchirement intérieur

Il faut bien comprendre ici ce que veut dire Jésus : « Ne prenez pas César pour Dieu. Laissez la société à sa place humaine. N'ayez pour dieu que Dieu. » Mais il faut voir ce qui fait glisser César à la place de Dieu : la volonté de puissance, certes, et aussi la manière dont l'homme ressent la société, s'enfouissant ou s'exaltant dans ce tout plus grand que lui.

Une autre parole de Jésus dans le Sermon sur la Montagne éclaire deux oppositions : entre Dieu et d'une part Mammon, de l'autre César : « Si ton œil droit entraîne ta chute, arrache-le… Il est préférable qu'un seul de tes membres périsse et que ton corps tout entier ne soit pas jeté dans la géhenne » (Matthieu 5, 29 et suivants). Cela veut dire que chaque homme peut s'idolâtrer lui-même et que le combat peut prendre la forme d'un déchirement intérieur. Souvenons-nous du cri de saint Paul : « Je ne fais pas le bien que j'aime et je fais le mal que je hais… Malheureux que je suis ! » (Romains 7, 15.24).

Avec une infinie tendresse et en même temps une précision qui, jamais destructrice, nous purifie et nous édifie, Jésus révèle le véritable enjeu du combat spirituel : c'est notre liberté et notre dignité d'être humain. Alors une troisième et suprême opposition – entre le

Christ et Satan – donne la clé du combat contre l'idolâtrie.

Tentateur, menteur

Au désert, le combat de Jésus contre l'Adversaire est comme le porche d'entrée de sa mission. Le Tentateur lui montre tous les royaumes du monde et lui dit (Luc 4, 5) : « Je te donnerai tout ce pouvoir, parce que c'est à moi qu'il a été remis et que je le donne à qui je veux. Si tu m'adores, tu l'auras tout entier. » Or le maître du monde, c'est Dieu et non le Tentateur. Dieu, lui, n'est pas le tyran du monde, mais son Créateur, qui confie à l'homme sa création. Le Tentateur est donc aussi un menteur. Il introduit l'homme dans une illusion que Jésus dénonce : « Il est écrit : "Tu adoreras le Seigneur ton Dieu et c'est à lui seul que tu rendras un culte." Retire-toi, Satan », rapporte saint Matthieu (4, 8).

À Gethsémani, Jésus sera de nouveau affronté à la tentation : « Père, s'il est possible que cette coupe passe loin de moi… » (*Ibid.* 26, 39). Et sur la croix il est mis au défi de se sauver lui-même (*Ibid.* 27, 40-42). Mais, ressuscité, une de ses dernières paroles sera : « Tout pouvoir m'a été donné au ciel et sur la terre » (*Ibid.* 28, 18). Ce que Satan ne pouvait offrir et qu'il promettait faussement, Jésus, en « se faisant esclave, obéissant jusqu'à la mort de la croix » (Philippiens 2, 7-8), le reçoit du Père et le partage à ses disciples. Bien sûr, il ne s'agit plus ici du pouvoir politique de César, mais du pouvoir de Dieu.

Le mystère de l'amour trahi et libérateur

Le combat entre le Christ en croix et Satan dévoile l'ultime tension inhérente à l'existence du croyant. L'expérience de l'esclavage (aliénation spirituelle, état de péché, blessure du corps voué à la mort) est assumée par le Messie souffrant, qui porte nos fautes et dont les plaies sont les nôtres. Le Christ se fait victime de la volonté de possession, puisqu'il est trahi pour de l'argent et livré au pouvoir des hommes. Mais alors qu'il subit en apparence l'emprise de Satan, Jésus reçoit de Dieu, en son humanité, la puissance de résurrection. Par lui, nous entrons dans la vérité qui nous rend libres et nous recevons la vie qui triomphe de la mort.

Voilà l'enjeu le plus élevé de la foi chrétienne. Le croyant le découvre au fur et à mesure qu'il s'approche du mystère, à certains moments de plus en plus obscur, de l'amour livré et trahi, de l'amour du Christ qui donne la Vie parce qu'il donne sa vie. Alors l'idolâtrie du cœur de l'homme est crucifiée avec le Christ, comme le laisse entendre l'apôtre Paul : « Notre vieil homme a été crucifié avec lui » (Romains 6, 6). Oui, l'idolâtrie est morte. Mais nous n'en finissons pas de mener ce combat spirituel, jour après jour, de Pâques en Pâques, avec le Christ ressuscité qui fait de nous des vivants pour Dieu.

III

Le culte « dans l'Esprit et la Vérité »

Les sacrements de l'Église pour le pardon libérateur

1

Le Temple nouveau

La question de la religion et du culte est éclairée d'un jour radicalement nouveau dans l'échange entre le Christ et la Samaritaine (Jean 4, 19 et suivants).

Cette femme est intriguée par la réponse de Jésus : « Tu as eu cinq maris et celui que tu as maintenant n'est pas ton mari. » Cette phrase ne dévoile pas seulement les péripéties d'une vie conjugale ; elle fait aussi allusion aux cultes païens auxquels les Samaritains ont consenti au fil du temps. Les cinq premiers conjoints représenteraient les idoles que les cinq populations successivement déportées en Samarie ont adorées en ces hauts lieux (cf. 2 Rois 17, 29 et suivants). Le sixième correspondrait à la religiosité romaine. Dans son échange avec cette femme, Jésus l'interroge au fond sur la fidélité à Dieu, puisque celui-ci se nomme lui-même l'Époux de son peuple.

Où trouver Dieu ?

C'est pourquoi la Samaritaine enchaîne sur la question de la fidélité au Temple de Jérusalem, que Jésus appelle « la Maison de mon Père » (Jean 2, 16) : « Nos ancêtres, dit la femme, ont adoré sur cette montagne. Et vous, vous affirmez que c'est à Jérusalem qu'il faut adorer. » Les Samaritains, en effet, avaient créé un schisme en instaurant un culte chez eux, sur le mont Garizim.

Jésus répond : « Crois-moi, femme, l'heure vient où ce n'est ni sur cette montagne ni à Jérusalem que vous adorerez le Père. Vous adorez ce que vous ne savez pas » – autrement dit, vous ne connaissez pas Dieu, puisque vous n'obéissez pas à la Révélation qui vous a été donnée. Le Seigneur poursuit : « Nous – il parle des Juifs –, nous adorons ce que nous connaissons. Car le salut vient des Juifs. » Et il ajoute : « Mais l'heure vient, et elle est là, où les vrais adorateurs adoreront le Père dans l'Esprit et la Vérité. Tels sont les adorateurs que cherche le Père. Dieu est Esprit. Ceux qui l'adorent doivent adorer dans l'Esprit et la Vérité. »

Temps nouveaux, lieu nouveau

Cette phrase peut nous sembler très moderne. Si l'on ne prend pas garde aux majuscules (qui traduisent simplement le poids des mots), on se dira que Jésus revendique la fin des particularismes locaux et prône un culte détaché de toute réalité matérielle. Un culte « en esprit et en vérité » séduit, sans que l'on sache trop ce que ces deux termes veulent dire. Quand notre époque tend à renoncer à toute certitude autre que palpable, comment aller plus loin que Pilate interrogeant Jésus : « Qu'est-ce que la vérité ? » (Jean 18, 38).

Pourtant, nous sommes là au point central de l'enseignement du Christ. Que veut-il dire en annonçant que ce n'est ni en Samarie ni à Jérusalem que s'établira le culte que le Père demande ? Jésus ne nie pas que le Temple de Jérusalem est le lieu où le Père a voulu être adoré. Mais il annonce qu'en ces temps nouveaux qui arrivent en sa personne, et par le don (déjà pressenti dans cette expression) de l'Esprit Saint à la Pentecôte, le culte va changer de centre de gravité. Où sera-t-il rendu ? « Dans l'Esprit et dans la Vérité. »

Lieux inattendus que ces notions abstraites... A-t-on là une redéfinition tout intellectuelle et psychologique de la religion ? « Dans l'Esprit » signifie-t-il sans gestes concrets, sans rites visibles, sans aucune extériorisation, mais dans l'esprit humain, à l'intérieur des âmes, en toute sincérité, à travers un culte évanescent qui ne devient universel qu'en n'étant nulle part ? Non. Car cette interprétation, qui « décharne » le culte et déracine l'adoration, trahit ce que Jésus veut dire.

En effet, il parle ici de l'Esprit Saint. Quand et comment est-il donné ? Quand le Fils, « élevé de terre », accomplit l'offrande de sa vie, ainsi qu'il en avertit ses apôtres dans le discours après la Cène en leur promettant le Paraclet, le Consolateur (Jean 16, 7-15). Le don de l'Esprit est la conséquence de l'obéissance du Fils jusqu'au sacrifice de sa vie. Il est communiqué pour que le peuple ainsi rassemblé accomplisse sa mission : rendre gloire au Père avec le Fils.

Un double déplacement

Et la Vérité ? La question de Pilate répond en fait à l'affirmation de Jésus : « Je suis venu dans le monde pour rendre témoignage à la Vérité. » Or le Seigneur a dit à ses apôtres : « Je suis la Vérité » (Jean 14, 6). Ainsi, dans sa réponse à la Samaritaine, il parle de lui-même : le culte dans la Vérité, c'est celui que Jésus lui-même rend à son Père. Depuis la Pentecôte, les hommes qui ont reçu l'Esprit Saint, l'Esprit de Vérité (Jean 16, 13), l'Esprit du Père et du Fils, ont accès au Temple nouveau, véritable et spirituel, qui n'est autre que le Corps du Christ (cf. Jean 2, 19-22). Ils en deviennent les « pierres vivantes » et participent au culte rendu au Père dans l'Esprit par le Fils, « grand prêtre parfait » (cf. Hébreux 7, 28). Il y a là un double déplacement : de la présence de Dieu à l'homme, et du culte de l'homme envers Dieu.

Le lieu est bien réel, charnel même. Le Temple nouveau – l'Église, Corps du Christ – n'est pas invisible. Et pourtant il dépasse infiniment les regards humains. C'est la demeure de Dieu parmi les hommes, et elle s'édifie jusqu'à ce que Dieu soit tout en tous, telle que l'ont annoncée les prophètes (Ézéchiel 37, 27 ; Zacharie 2, 14) et telle que l'a contemplée Jean, le voyant de Patmos (Apocalypse 21, 3).

2

Le mystère du Christ avec nous

Le culte « dans l'Esprit et dans la Vérité » nous conduit au mystère de Dieu l'Unique, qui est Père, Fils et Esprit – au mystère de la Trinité. L'intelligence humaine ressent là comme un défi impossible à relever. Comment pourrions-nous accueillir en notre esprit fini l'infinie grandeur de Dieu ? Mais la Vérité est plus vaste que ce qu'en peut saisir l'homme, et l'amour en Dieu est plus riche que les pauvres capacités humaines à aimer.

Dieu invisible

Dieu est invisible aux yeux des hommes. C'est vrai du Père, et aussi de l'Esprit. « Nul n'a vu le Père », dit Jésus (Jean 6, 46). Pourtant, il est celui dont nous recevons tout, celui que nous voudrions connaître et aimer, celui vers qui se tourne notre regard aveuglé. Quand il se fait voir sur la montagne à Moïse et aux soixante-dix Anciens (Exode 24, 10), c'est une grâce. Car regarder Dieu en face dépasse la condition humaine : l'homme ne saurait survivre après que ses yeux l'ont regardé (cf. Exode 33, 20).

À partir du Moyen Âge, surtout en Occident, pour montrer Dieu le Père peintres et sculpteurs ont représenté ce que ce mot évoque dans notre pauvre tête : un vieillard majestueux. Les premiers siècles du christianisme s'étaient gardés de donner une figure au Père invisible, et le représentaient par un symbole : un rayonnement, ou bien encore une main, « la droite de Dieu »...

Quant à l'Esprit, Jésus le dit à Nicodème : « Tu ne sais ni d'où il vient ni où il va » (Jean 3, 8). C'est par une colombe, mentionnée dans les récits du baptême de Jésus (Matthieu 3, 16 ; Luc 3, 22), que l'Esprit Saint, aussi insaisissable que le souffle, est figuré.

Voilà donc les symboles par lesquels on a représenté le Père des cieux et l'Esprit consolateur, au-dessus de la figure humaine du Fils souffrant et glorifié, que peuvent contempler les yeux de la chair qu'il a assumée.

Le Fils montre le Père et envoie l'Esprit

Car le Fils seul s'est rendu visible, et son Incarnation libère ses fidèles de toute idolâtrie, c'est-à-dire de l'adoration d'images de fabrication toute humaine.

Jésus est l'« icône », l'image véritable et fidèle du Père, dont il reçoit absolument tout. Comme le dit saint Jean dans le Prologue de son Évangile, il est le Verbe éternel par qui tout a été créé au commencement. À travers ses paroles, et même si elles semblent obscures pour ses apôtres, il se révèle comme le Fils de Dieu. Dès le début de sa vie publique, il provoque le scandale qui le mènera à la mort, « car il appelait Dieu son propre Père, se faisant ainsi l'égal de Dieu » (Jean 5, 18 ; 19, 7).

Pour voir le Père, notre adoration doit contempler son Fils. « Qui m'a vu a vu le Père, dit Jésus à Philippe. Si vous me connaissiez, vous connaîtriez aussi mon Père » (Jean 14, 7-9). La question devient alors : comment connaître Jésus ? La réponse est : sur le témoignage de ses apôtres. Comme le dit saint Jean dans sa Première épître (1, 1-3) : « Ce qui était dès le commencement, ce que nous avons entendu, ce que nous avons vu de nos yeux, ce que nos mains ont touché du Verbe de Vie, nous vous l'annonçons. » De même, saint Pierre parle du Seigneur au nom des Douze « pour l'avoir vu de nos yeux dans tout son éclat » (2 Pierre 1, 16-18).

Unis au Christ

Jésus est entré librement dans la mort en portant nos péchés, lui, le Saint de Dieu. Ressuscité, il donne la vie à tous les hommes. Portant tous les humains en son humanité, il est entré dans la gloire de Dieu. Comme l'écrit saint Paul aux Colossiens (3, 13), nous savons que « notre vie est cachée avec le Christ en Dieu » et que nous pouvons adorer le Père en devenant fils avec lui et par lui.

Le Christ ressuscité n'est plus enfermé dans les limites de la présence humaine. Par le don de son Esprit, il est « avec nous tous les jours jusqu'à la fin des temps » (Matthieu 28, 20). Présent en son Corps et en son Sang, il nous donne part à sa vie par les sacrements de l'Église.

L'Esprit Saint nous unit à Jésus, notre frère, né de la Vierge Marie, Fils éternel de Dieu, « Dieu lui-même, Dieu né de Dieu, vrai Dieu né du vrai Dieu, engendré non pas créé, de même nature que le Père… ».

Nous sommes unis au Christ en son humanité et sa Passion. Nous sommes portés par l'offrande éternelle du Fils ressuscité, vrai Dieu et vrai homme. Par lui nous rendons grâce au Père des cieux. Cet acte sacerdotal saisit toute l'histoire humaine.

Caché à la droite du Père, le Christ habite en nous. Nous sommes en Dieu. Il nous prend en lui. Son mystère est révélé par celui de notre divinisation, dans le Fils, par l'Esprit.

Peuple sacerdotal, nous recevons la mission de vivre ce mystère du Salut que le Seigneur tout-puissant veut donner à tous les hommes. Nous portons une espérance inouïe, qui purifie et ouvre à la grandeur de Dieu invisible la puissance d'adoration enfouie en l'homme. Par elle, l'homme peut passer par la crucifiante épreuve du renoncement aux idoles et au péché pour faire de sa vie un culte spirituel, une offrande « dans l'Esprit et la Vérité ».

3

Le temps du témoignage

À la Pentecôte, le Christ répand dans le cœur de ses disciples le don du Père : l'Esprit Saint qui constitue son Église. Cet événement n'est pas seulement l'achèvement historique de l'œuvre de Jésus, dont témoigne la prédication des Apôtres et de leurs successeurs. Car le don de l'Esprit et la plénitude de la Révélation marquent le commencement de ce que le Christ a promis pour ce temps-ci de l'Histoire : sa présence en son Église pour qu'elle accomplisse la mission qu'il lui a confiée.

Le Christ fait de nous ses frères et nous donne de participer à sa mission de Fils de Dieu fait homme, rédempteur des hommes. Il nous unit à lui par le don de l'Esprit afin que nous soyons le signe et le sacrement de sa présence active en ce monde.

Choisis et appelés par Dieu

Pourquoi sommes-nous chrétiens ? Ni le hasard, ni les déterminismes historiques (naissance en tel pays de telle langue, de telle tradition religieuse, etc.) ne suffisent à l'expliquer. C'est parce que Dieu l'a voulu. Dans sa bonté, il nous a choisis et appelés pour que l'œuvre de Rédemption de son Fils s'actualise au long de l'histoire humaine jusqu'à l'achèvement de toutes choses.

Il y a là une vérité fondamentale que nous avons tendance à oublier : alors que les frontières bougent et que les habitudes même les meilleures basculent dans les bouleversements du monde, chrétiens, nous sommes projetés en première ligne ; nous avons la grâce et la mission d'accomplir l'œuvre du Christ, non seulement en tant qu'individus, chacun pour sa part, mais solidairement avec toute l'Église.

D'hier en Judée à ici et maintenant

Ainsi, le Christ ressuscité inscrit dans le temps des hommes sa présence cachée auprès de Dieu. Mais comment relier cela à la vie de Jésus entre sa naissance à Bethléem et sa mort à Jérusalem, sa Résurrection et son Ascension dans la gloire du Père ? Les faits demeurent : le Seigneur est né en Judée au temps du recensement prescrit par l'empereur Auguste ; il a été enfanté des entrailles de la Vierge Marie, juif parmi les juifs ; il n'a pas rencontré d'autres hommes que ceux d'il y a deux mille ans, là-bas… Quel rapport peut-il exister entre « ce temps-ci », le nôtre, et « ce temps-là », celui où Jésus a parlé à Simon Pierre, à Marie de Magdala, aux lépreux, aux pauvres, aux pharisiens, à Pilate et où il fut « semblable à nous en toutes choses hormis le péché » (Hébreux 4, 15) ?

Le Christ ressuscité n'est plus soumis aux limites de la condition humaine, mais ce n'est pas en reniant cette condition. Le renouvellement de son sacrifice, ainsi qu'il l'a explicitement demandé – « Faites ceci en mémoire de moi » (1 Corinthiens 11, 24-25) –, rend son Corps réellement présent et nourrit ceux qui, par le baptême, en sont devenus les membres. Désormais, en ce temps de l'Église, la présence de Jésus est manifestée au monde en tous ceux qui ne font qu'un avec lui et qui ont part à sa mort et à sa Résurrection, de sorte que, visiblement, ils deviennent le signe du Christ, eux qui, par ailleurs, demeurent de pauvres pécheurs.

Cette présence se manifeste non seulement à travers le temps, mais encore dans l'espace, au sein de la diversité des nations et des cultures. Si le juif Jésus a pu être (parfois abusivement) « européanisé », aujourd'hui, selon la formule que Jean Paul II aime reprendre en ses différents voyages dans des terres lointaines, parmi des peuples qui n'ont que très récemment découvert la foi, le baptême et la célébration eucharistique, « le Christ s'est fait africain en ses frères africains, mélanésien en ses frères mélanésiens… ».

L'exigence de la mission

À ses disciples, le Christ ressuscité a promis : « Je suis avec vous chaque jour jusqu'à la fin des temps » (Matthieu 28, 20). Il n'y a toutefois rien là de mécaniquement magique, et ce mystère met au contraire en jeu la liberté de Dieu tout en sollicitant et respectant celle des hommes.

Fidèle à ses promesses, et tout en demeurant libre de se manifester comme il le veut au cœur de tout homme, Dieu appelle qui il veut par l'intermédiaire de ceux qu'il choisit pour succéder aux Apôtres de Jésus. Mais la présence visible, sacramentelle, du Christ est liée en retour à la vie des membres de ce Corps dont il est la Tête. Si la célébration de l'Eucharistie venait à faire défaut, le signe même du sacrifice du Christ ne serait pas donné en ce temps-ci, à cette génération-ci, dans cette nation, dans cette culture... Les chrétiens mesurent ainsi l'exigence de leur mission. La présence de Jésus jusqu'aux extrémités de la terre et jusqu'à la fin des temps (Matthieu 28, 20) n'est pas seulement question de communication ou d'annonce : elle est liée à la liberté des disciples chargés de vivre et de rendre possible cette présence.

4

« La source et le sommet de la vie chrétienne »

La présence sacramentelle du Christ nous est donnée par la célébration de son unique sacrifice, qui elle-même dépend de nous. Il faut qu'un prêtre dise la messe pour que soit historiquement et visiblement manifestée en un temps et un lieu donnés l'offrande de Jésus qui intègre la nôtre. C'est le sacrifice du Christ en son Église et le sacrifice de l'Église dans le Christ.

Plus qu'un simple rite

C'est pourquoi la célébration de l'Eucharistie ne peut se comprendre comme un simple rite religieux, comparable à tous les autres. C'est également la raison pour laquelle le christianisme est autre chose qu'une religion parmi tant d'autres. La notion de sacrement est spécifiquement chrétienne : c'est un signe dont la puissance unit notre vie dans tout son réalisme à celle du Christ.

Ainsi, les disciples sont la « lumière du monde »

(Matthieu 5, 14) en devenant un avec leur Maître qui a dit : « Je suis la lumière du monde » (Jean 9, 5). Saint Paul a résumé cela dans une formule saisissante : « Ce n'est plus moi qui vis, c'est le Christ qui vit en moi » (Galates 2, 20).

L'offrande eucharistique travaille au salut du monde, comme un secret de famille qui donne le sens de tout. C'est la manière dont les disciples de Jésus se retrouvent en lui, qui est sans cesse en eux. Le culte ne peut pas et ne doit pas être opposé à la vie : les chrétiens reçoivent dans les sacrements de l'Église la force de Vie qui se déploie dans toutes les dimensions de l'existence humaine.

Les Béatitudes n'ont pas d'autre source ni d'autre efficacité que l'amour du Christ qui se donne et se livre. On ne peut aimer comme lui qu'en étant aimé de lui et en participant au don qu'il a fait de sa vie sur la Croix. On ne peut annoncer l'espérance qu'en étant ressuscité avec lui, alors même que l'on est aux prises avec la mort. On ne peut apporter la joie qu'en étant transformé par l'Esprit Saint, même si l'on est dans la tristesse des larmes.

Le sacrement de l'Eucharistie est la fête de la présence du Christ chaque jour. Il manifeste comment Jésus agit. La messe ne le met pas au service des hommes et de leurs desseins ; elle les aide plutôt à être inlassablement replacés au cœur du mystère d'amour et de plénitude qui les fait vivre et qui est leur mission dans le monde.

Vatican II a donc eu raison de rappeler que la célébration de la Cène du Seigneur est « la source et le sommet de la vie chrétienne » (*Lumen gentium* 11) et « de toute évangélisation » (*Presbyterorum ordinis* 5).

Bien plus qu'une philosophie

Si l'on entend ces affirmations en termes strictement rituels ou cultuels, on se dira que la civilisation d'aujourd'hui y est étrangère. Mais puisque, par ce sacrement, le Christ, mystérieusement, se rend présent aux yeux aveuglés et aux oreilles assourdies, et rend présents à lui-même ses fidèles, les unissant en lui, c'est le moment où ils sont le plus radicalement vivants, capables de porter la vie au-delà de leurs limites.

Voilà pourquoi la messe doit être célébrée et les chrétiens doivent se rassembler pour y participer. On ne saurait être disciple du Christ en désertant délibérément l'univers sacramentel : ce serait réduire la foi à une idéologie, à une manière de penser, à une sensibilité. Certes, c'est ainsi que, de l'extérieur, beaucoup d'hommes et de femmes comprennent le christianisme. Mais l'enseignement de Jésus ne prend tout son sens et toute son efficacité que si l'on participe à son action sacerdotale, à son sacrifice, où, en donnant sa vie, il transfigure l'existence humaine et « sauve le monde ».

Pour que l'Église soit ce que Dieu veut

Les chrétiens ne sont pas les auditeurs d'un discours ni les admirateurs d'un spectacle. Ils sont les sarments greffés sur la vigne. Ils sont les membres du Corps du

Christ. Le souffle qui les anime est celui de la vie divine. Le sang qui les fait vivre est celui que le Christ a versé par amour, pour les sauver.

Les sacrements de l'Église, et particulièrement l'Eucharistie, signifient et accomplissent la mission que le Christ a confiée à ses disciples. Pour que l'Église soit ce que Dieu veut qu'elle soit, elle doit célébrer le mémorial de la mort du Christ jusqu'à ce qu'il vienne.

L'adoration eucharistique, dans la diversité de ses expressions, est la condition nécessaire de la mission et scelle la vérité chrétienne de la prière.

5

Pour être délivrés du mal

Que peut le sacrifice du Christ, que peuvent les sacrements de l'Église devant l'horreur de l'homme qui détruit l'homme ? C'est la question que posent les massacres qui continuent de défigurer notre histoire et qui suscitent l'indignation et la honte.

Le mal est un signe de la déchéance humaine, de l'aliénation, de la possession par le Mauvais. Ce mal, Jésus a voulu le porter dans sa chair. Lui, « l'Agneau de Dieu qui enlève le péché du monde » (Jean 1, 29), il « s'est fait victime pour nos péchés » (1 Jean 2, 22). Mais, ressuscité, il ouvre un au-delà à notre histoire, une entrée dans le mystère de Dieu et de sa gloire. Il nous donne « la bienheureuse espérance », l'assurance effective dans le temps présent que la vie ne se termine pas dans un charnier, que cette folie de destruction, ce non-sens dont l'homme lui-même est l'auteur n'est pas le dernier mot.

La source du mal

Où réside la cause du mal ? Dans les facteurs politiques et économiques, le surarmement, les rivalités de toute espèce, bien sûr. Mais, fondamentalement, le mal est lié à la condition de l'homme pécheur. Comme l'écrit saint Jacques : « D'où viennent les conflits, d'où viennent les combats parmi vous ? N'est-ce pas de vos plaisirs qui guerroient dans vos membres ? Vous convoitez et ne possédez pas. Vous êtes jaloux et meurtriers, et ne pouvez réussir. Vous combattez et bataillez » (Jacques 4, 1-2).

Il faut ouvrir son cœur et laisser la lumière divine purifier le regard : c'est elle qui peut lui faire atteindre le fond des choses. Il faut dépasser la révolte, la lassitude ou l'indifférence pour contempler le Christ crucifié, le Fils de Dieu fait homme qui, librement, est devenu la victime méprisée. Le regarder permet de découvrir la source du mal : le péché, et, en même temps, la délivrance du péché. L'acte rédempteur de Jésus révèle que Dieu peut tirer le bien du mal.

La foi nous dit que les victimes sont accueillies par l'immense compassion de tous les saints, de toute l'humanité souffrante déjà transfigurée dans le Christ. Mais l'Histoire ne s'arrête pas et les générations suivantes gardent mémoire des massacres. Comment rendre sa dignité à une population entière lorsqu'elle a été broyée par un tel drame ?

La seule voie de survie de l'humanité

Quelle puissance sera capable de guérir le mal qui habite la conscience des hommes, si ce n'est le mystère de délivrance et de compassion dont le Cœur transpercé de Jésus est le signe ? Il ne montre le péché qu'en donnant l'espérance d'être pardonné et la force de changer de vie.

Le Christ, Grand Prêtre grâce à qui le péché est pardonné et la voie de la libération est ouverte, invite à agir sacerdotalement en lui et à travailler à la délivrance du monde – au lieu de se contenter de répartir les hommes entre « bons » et « méchants », de juger… et de baisser les bras. La contemplation du Cœur transpercé du Christ montre la seule voie de survie pour l'humanité : force sereine du salut et du pardon.

Le chrétien ne doit pas être obnubilé par le désespoir qu'engendrent les échecs et les rechutes de l'Histoire ; il ne ferme pas les yeux devant le malheur pour se retrancher dans une vision chimérique du bonheur. Mais il accepte, à la suite du Christ, de prendre à bras-le-corps la condition humaine avec son lot de déceptions et de souffrances ; il travaille à trouver les causes et les remèdes de sorte que les hommes se comportent selon leur vocation divine ; il ne se décourage jamais, car son action est portée par l'acte sacerdotal du Christ.

De cette nécessité de prier sans cesse sans jamais perdre espoir, Jésus lui-même a donné un exemple avec la parabole de la pauvre veuve face à un juge inique, en commentant : « Et Dieu ne ferait pas justice à ses élus qui crient vers lui jour et nuit ? » (Luc 18, 1-8).

L'œuvre de la délivrance

Une autre parole de Jésus est à rappeler ici. Elle se trouve dans un discours sur la fin des temps : « À cause des élus, ces jours-là seront abrégés » (Matthieu 24, 22). Dieu veille sur les siens. La prière de ceux qu'il appelle à être semblables à son Fils « allège » les épreuves qui s'abattent sur l'humanité. La force des supplications peut subvertir l'implacable dureté des temps, des cœurs et des déterminismes.

Cette intercession sacerdotale du Peuple de Dieu et des prêtres dans la célébration eucharistique ne consiste aucunement à s'évader du monde et de ses misères. Elle opère au contraire, jusqu'à la fin des temps, l'œuvre de sa délivrance. Pascal a vu juste en écrivant que « Jésus sera en agonie jusqu'à la fin du monde ».

Cette intuition est à rapprocher de la confidence de l'apôtre Paul aux Colossiens (1, 24) : « J'achève en ma chair ce qui manque à la Passion du Christ pour son Corps qui est l'Église. »

6

Le pardon de Dieu, chemin de liberté

Le mot « pardon » est souvent déprécié. Pour beaucoup, il ne signifie que l'oubli, l'indifférence ou l'indulgence blasée. Ce pardon-là permet peut-être d'apaiser les querelles, mais il ne construit rien. Il ressemble à un tranquillisant distribué pour diminuer l'agressivité ou l'agitation. C'est utile dans une garderie d'enfants, dans une prison… et peut-être ailleurs, puisque notre pays est un des plus gros consommateurs de tels produits.

Le pardon chrétien n'est pas une prison spirituelle, variante d'une prison chimique, elle-même variante de la prison matérielle avec ses verrous et ses barreaux. Il est, au contraire, le chemin de la liberté. Il s'adresse d'abord à chacun des disciples de Jésus. Puis, parce qu'ils sont pardonnés, ils doivent à leur tour être les témoins de la miséricorde divine.

Liberté retrouvée dans l'aveu et pardon sacramentel

Il faut prendre le temps de réfléchir à sa vie, de la mettre sous la puissante lumière de la bonté de Dieu, afin d'espérer et de demander le pardon qui commence par s'éprouver comme un appel à la vérité et à la responsabilité. Car se reconnaître pécheur devant Dieu est tout autre chose que chercher à se culpabiliser. Se sentir coupable sans jugement moral objectif sur ce que l'on a fait peut être le signe d'une maladie de l'esprit ou de l'âme. On est écrasé par un poids insupportable. On se sent malheureux, rejeté, condamné sans savoir comment y échapper.

Mais si nous contemplons le Christ crucifié, nous découvrons notre péché en nous découvrant portés par lui. Jésus n'est pas une victime que l'on aurait blessée malgré elle, comme un individu lynché par une foule : il s'offre librement pour les pécheurs. En regardant Son cœur et Ses mains transpercés, chacun comprend que c'est de ses propres péchés que le Christ souffre pour l'en délivrer. À chacun, Jésus dit : « Vois, ce sont tes péchés que je porte ; je t'appelle à en être libéré et à te retrouver toi-même. » L'homme est rendu à sa dignité dès lors qu'il se reconnaît pécheur.

Ce faisant, il admet qu'il était libre d'agir autrement et il peut dire : « Seigneur, je vois mon péché ; pardonne-le. Je veux t'aimer et me comporter désormais selon ton amour. Mais je crains de perdre à nouveau ma liberté en m'en servant mal et de retomber, comme toujours ! – Avance, répond Jésus, je t'en donne la force, car je t'aime. »

Même si l'on doute de soi, le pardon du Seigneur

apporte l'audace de l'espérance. L'aveu auprès d'un prêtre, serviteur de la miséricorde du Christ, rétablit la vérité dans la vie du pécheur. Prisonnier de lui-même, celui-ci ne savait que dire. Et voici qu'à haute voix, touché au cœur, contrit, il adresse à Dieu le cri qui le délivre. En donnant en réponse son pardon sacramentel par le ministère de l'Église, Dieu rend au pécheur, qui « ne savait pas ce qu'il faisait » (cf. Luc 23, 34), la liberté d'agir selon l'Amour et de réparer.

La force que Dieu donne

Le mal commis paraît souvent irréparable. Pourtant, par le mystère du pardon et du don de l'Esprit, le Christ le répare. Et en s'unissant à lui, chacun peut travailler à réparer le mal qu'il a causé. Si l'on était malade, guéri par lui, on devient en lui médecin ; sauvé par lui, avec lui on devient sauveur ; délivré par lui, en lui on devient libérateur ; racheté par lui, avec lui on devient rédempteur.

C'est le sacrifice spirituel du chrétien, participation à celui du Christ, comme le demande la troisième Prière eucharistique : « Regarde, Seigneur, le sacrifice de ton Église et daigne y reconnaître celui de ton Fils, qui nous a rétablis dans ton Alliance. »

Il n'y a pas là qu'une réalité mystique, car (précisément pour cette raison) la condition humaine s'en trouve concrètement transformée. Ce n'est pas spectaculaire : ce ne peut être l'objet d'un programme politique ni d'un enseignement comme celui des mathématiques ou du code de la route. Mais l'union au sacrifice rédempteur du

Christ façonne des êtres de pardon, qui expérimentent en eux-mêmes la force que Dieu donne en les délivrant de leurs péchés.

L'Amour qui renaît de ses défaites

Les chrétiens deviennent ainsi les messagers de l'Amour plus puissant que toutes les violences du monde. Seul remède qui puisse désarmer les hommes, il ne s'épuise jamais et renaît même de ses défaites, selon la promesse de Jésus. Défaite apparente des « doux qui posséderont la terre », défaite apparente des « miséricordieux qui obtiendront miséricorde », alors même que les violents, prisonniers de passions inhumaines, les persécutent et les tuent.

Le sang des martyrs est le signe d'un Amour plus fort, qui ouvre le chemin à la réconciliation et au pardon. Grand mystère, folie aux yeux des hommes, triomphe de la Sagesse divine, de sorte que le monde en sa souffrance ne sombre pas. Expérience apostolique par excellence, comme le dit saint Paul : « Toujours, nous les vivants, nous sommes livrés à la mort à cause de Jésus, afin que la vie de Jésus soit elle aussi manifestée dans notre existence mortelle. Ainsi, la mort fait son œuvre en nous, et la vie en vous » (2 Corinthiens 4, 11-12).

7

Messagers de la miséricorde

Notre époque est-elle plus cruelle que d'autres ? Nous sommes parfois tentés de le croire. Plus que jamais, semble-t-il, la violence règne, s'étale, se légitime. Mais les comparaisons restent vaines. Seuls les progrès du savoir ou de la technique sont cumulatifs. Et ils ne suffisent pas pour que la violence fasse place au respect du droit et au message évangélique d'amour et de pardon. On n'améliore pas le genre humain comme une espèce animale ou une variété de rose, en sélectionnant les caractéristiques nobles. Car on ne fabriquerait ainsi que des robots.

Jamais rentiers de l'amour

Tout homme est le lieu d'une bataille qui n'est jamais achevée. Chacun naît libre, avec la grâce reçue du seul fait d'être créé et aimé par Dieu, racheté par son Fils Jésus Christ, appelé à participer au mystère de la Rédemption, mais aussi avec les blessures inhérentes à la condition pécheresse, où le salut de Dieu peut être ignoré et rejeté.

Cette bataille se déploie dans la liberté de chacun et dans l'histoire de l'humanité. Jusqu'à la fin des temps, nul ne pourra vivre en rentier de l'amour acquis. Dieu appelle à une lutte. Nous ne pourrons « entrer dans son repos » (Psaume 95, 11) que lorsqu'il nous accueillera dans son Royaume.

Dans le temps présent, nous devons livrer ce combat pour la miséricorde, le pardon, l'amour du prochain – y compris l'ennemi. Souvent, nous sommes vaincus, blessés peut-être par les offenses des autres, humiliés par nos propres faiblesses. Et pourtant, cette bataille ne s'achèvera pas faute de combattants, mais par la victoire de l'Amour, où le vaincu est vainqueur.

L'arme des sacrements et du pardon

Nous nous en approchons lorsque, jour après jour, nous mettons en pratique la Parole du Christ. En nous unissant à son sacrifice par la célébration de la messe, en nous laissant réconcilier avec lui et restaurer dans la grâce baptismale par le sacrement de son pardon, afin de devenir les messagers de sa miséricorde et d'affronter les combats de cette vie.

Les métaphores guerrières n'ont ici rien d'inconvenant. Comme saint Paul l'écrivait aux Éphésiens (6, 10… 17) : « Armez-vous de force dans le Seigneur. Revêtez l'armure de Dieu pour être en état de faire face aux manœuvres du Diable… Prenez surtout le bouclier de la foi. Recevez enfin le casque du Salut et le glaive de la Parole de Dieu. »

Notre arme est la charité, capable de mettre en déroute tout ce qui fait « trébucher » dans la foi (ou « scandalise », selon les traductions usuelles de l'Évangile) et dont nous serions tentés d'accuser Dieu ou les autres. L'arme du pardon a ceci d'extraordinaire qu'elle nous vainc d'abord. Jérémie (20, 7) l'a dit : « Tu m'as séduit, Seigneur. Tu m'as maîtrisé. Tu as été le plus fort. »

Nous sommes pardonnés par le Christ qui nous aime, alors que nous n'en sommes pas dignes. Jésus vient nous chercher, alors que nous sommes perdus. « C'est à peine si quelqu'un voudrait mourir pour un juste. Mais la preuve que Dieu nous aime, c'est que le Christ est mort pour nous alors que nous étions pécheurs » (Romains 5, 7-8).

Lorsque nous voulons suivre le chemin que Jésus nous ouvre, que faire ?

Espérance et lucidité

D'abord lui rester unis dans la prière et les sacrements, et ainsi devenir capables de donner sans attendre de récompense, sans rien espérer en retour (cf. Luc 6, 35). Donner, pardonner ainsi est plus que difficile, mais désarme tout. Car l'Amour ne peut jamais être vaincu. La haine semble détruire et anéantir celui qui aime. Mais, mystérieusement, la charité offerte en participation au sacrifice du Christ renverse et inverse la haine meurtrière.

Les chrétiens voient dans la Croix de Jésus le signe de

la victoire de l'Amour, tandis que les témoins de la crucifixion n'y ont vu que l'échec d'un condamné à mort. La puissance de la miséricorde nous permet, en partageant l'amour du Christ, de comprendre la vérité de la condition humaine et de travailler à ce que l'homme ne devienne pas irrémédiablement un loup pour ses semblables.

Nous savons que « du cœur de l'homme proviennent intentions mauvaises, meurtres, adultères, débauches, vols, faux témoignages, diffamations » (Matthieu 15, 19). Mais nous savons aussi que « si notre cœur nous accuse, Dieu est plus grand que notre cœur et il discerne tout » (1 Jean 3, 20). Nous recevons la lumière qui illumine notre cœur (Matthieu 6, 22-23). Espérance et lucidité font ainsi de nous les messagers de la miséricorde, des « artisans de paix » dont l'œuvre n'est pas seulement le témoignage oral ni celui du pardon et des actes, mais l'accomplissement de la vocation filiale de l'humanité, dans le culte de l'Amour qui sauve : « Bénis le Seigneur, ô mon âme. N'oublie aucun de ses bienfaits... Il n'agit pas envers nous selon nos fautes, ne nous rend pas selon nos offenses... Comme est la tendresse d'un père pour ses fils, tendre est le Seigneur pour qui le craint. Il sait de quoi nous sommes pétris... L'amour du Seigneur est de toujours à toujours » (Psaume 102, 1-2.10.13-14).

IV

« Faites des disciples »
(Matthieu 28, 19)

À propos du témoignage et de la conversion

1

« De toutes les nations »

Le christianisme a cette particularité de vouloir s'adresser à tous sans exception. Comment comprendre cette ambition d'universalisme ? Il faut reprendre les deux dernières rencontres des Onze avec le Ressuscité (en saint Matthieu et saint Luc), et l'événement de la Pentecôte tel que le rapportent les Actes des Apôtres.

L'ordre et la promesse

À la fin de l'Évangile de Matthieu (28, 16-20), les disciples sont sur « la montagne de Galilée » où Jésus leur a fixé rendez-vous. Il leur dit : « Toute puissance m'a été donnée au ciel et sur la terre. » Cette parole fait écho à la troisième tentation, où le Séducteur promettait tous les royaumes du monde (*Ibid.* 4, 8). Mais le Fils reçoit du Père la toute-puissance divine, radicalement différente du pouvoir des rois des nations.

« Allez donc, poursuit Jésus, et de toutes les nations faites des disciples. » Cet ordre du Christ est surprenant.

Ni les Grecs du temps de saint Paul, ni les Scythes ni les Gaulois n'ont spontanément une telle idée, ni plus tard les Asiatiques, les Africains, etc.

« Faire des disciples » n'est pas recruter des adeptes ou des partisans. Jésus précise : « Baptisez-les au nom du Père, du Fils et du Saint-Esprit. » Autrement dit : rendez-les participants au mystère même de la vie de Dieu. « Apprenez-leur à garder tout ce que je vous ai prescrit », c'est-à-dire à suivre la Loi divine comme le Christ l'accomplit par sa vie, son enseignement et sa Passion.

Enfin, Jésus promet aux apôtres : « Je suis avec vous (formule quasi divine : Dieu-avec-nous, *Emmanuel*, cf. Isaïe 8, 8.10) tous les jours jusqu'à la fin des temps » (jusqu'à l'achèvement en Dieu de l'histoire des hommes). Un horizon prodigieux s'ouvre devant les disciples !

La même perspective apostolique se retrouve en saint Luc (24, 47-49). Jésus rappelle aux Onze les Écritures : le Messie « devait » souffrir et ressusciter des morts le troisième jour. « On prêchera en son Nom la conversion pour la rémission des péchés à toutes les nations, à commencer par Jérusalem. C'est vous, précise Jésus, qui en êtes les témoins. Et moi, je vais envoyer sur vous ce que mon Père a promis. Demeurez dans la ville jusqu'à ce que vous soyez revêtus de la puissance d'En-Haut » – jusqu'à ce que vous ayez reçu le don de l'Esprit Saint le jour de la Pentecôte (Actes des Apôtres 2, 1-4).

L'Esprit à l'œuvre

Les apôtres sont enfermés au Cénacle, « la chambre haute », à Jérusalem. Avec Marie et quelques femmes, ils prient. Et voici que survient un événement « spirituel », impossible à décrire. Saint Luc compare à un vent violent ce bouleversement qui convertit leur cœur et change leur vie. La puissance de l'Esprit Saint se saisit d'eux et les transfigure. Ils sortent et s'adressent à la foule des juifs et des « craignant-Dieu » résidant ou rassemblés à Jérusalem pour la fête liturgique de Shavouoth, la Pentecôte, venus de « toutes les nations qui sont sous le ciel », selon l'expression des Actes des Apôtres. Suit une impressionnante énumération des peuples du monde alors connu.

Quand les apôtres leur parlent, ces hommes et ces femmes entendent les merveilles de Dieu dans leur propre langue. Par cet événement, le miracle de la Pentecôte, commence à se réaliser la mission que Jésus a confiée aux Onze. Inutile d'imaginer une traduction simultanée, ni de supposer que les apôtres parlent des langues qu'ils n'avaient jamais apprises, ni non plus qu'ils pratiquent le « parler en langues incompréhensibles » mentionné dans les épîtres pauliniennes.

Le miracle, quel est-il ? C'est que les merveilles de Dieu qui sont manifestées dans la mort et la Résurrection du Christ-Messie sont annoncées à tout homme, en dépit de la barrière de la diversité des langues. L'Esprit de Dieu inspire les paroles humaines des apôtres : elles sont Parole de Dieu, à laquelle ce même Esprit ouvre le cœur et l'entendement des auditeurs. Ceux-ci comprennent le langage de Dieu.

Le miracle de la Pentecôte

Mais le miracle de la Pentecôte s'accomplit d'abord dans les apôtres eux-mêmes. Leur intelligence, leur volonté, leur liberté, leur cœur sont changés par la puissance de l'Esprit. Alors ce même prodige qui les a bouleversés se reproduit, par leur témoignage, en ceux qui les entendent et qui sont touchés à leur tour.

Comment ? Non parce qu'un professeur éloquent ou un orateur prestigieux aurait trouvé des arguments, des comparaisons, des mots à faire pleurer les pierres. Mais parce que l'Esprit Saint ouvre leurs yeux et leurs oreilles, faisant tressaillir la liberté humaine et la libérant. Lorsqu'il reconnaît la source divine qui l'a créé, l'homme retrouve la vraie destination et la vraie grandeur du pouvoir d'aimer qui l'habite.

Il se passe ainsi quelque chose entre Dieu et les hommes, à travers les messagers, les envoyés, les apôtres du Christ-Messie : la Parole de Dieu faite chair s'adresse désormais à toute créature en qui agit l'Esprit de Dieu.

2

La conversion : décision… et d'abord grâce !

Jésus ressuscité confie à ses apôtres la mission spécifiquement chrétienne de « proclamer en son nom la conversion pour la rémission des péchés » (Luc 24, 47). Le terme « conversion » désigne couramment aujourd'hui un changement d'opinion ou de religion. Par exemple, tel écrivain, élevé dans le protestantisme, s'est « converti » au marxisme, puis à l'islam, etc. On parlera même de conversion pour l'adoption d'un nouveau régime alimentaire…

Quand on sait déjà

La conversion que Jésus demande de « proclamer en son nom » ne consiste pas à décider si Dieu existe ou non, si telle religion, telle représentation du monde est supérieure à telle autre, ni si l'homme, à sa mort, disparaît totalement ou se réincarne dans un autre être vivant, ni (enfin) à faire un choix dans la foire aux idées, aux croyances et aux mythes en tous genres.

Que veut donc dire Jésus ? Il s'adresse à ses apôtres. Ils ont reçu la foi au Dieu unique. Ils savent que le monde a été créé par le Seigneur tout-puissant, que les hommes sont faits à son image, que Dieu seul est Dieu, qu'il a révélé sa volonté pleine de douceur et d'amour pour les mener à la sainteté, car ils ont vocation à vivre pour Dieu, avec Dieu. Bref, les auditeurs de Jésus ont conscience de tout ce que la Parole de Dieu n'a cessé de dire à l'intelligence et au cœur de ceux que Dieu a choisis pour se révéler à eux et, par eux, à toutes les nations – par eux, le peuple qu'il a constitué, fait sortir d'Égypte, auquel il a confié ses commandements et donné la Terre promise. L'Évangile commence avec Marie qui écoute cette Parole de Dieu et la garde en son cœur de fille d'Israël afin d'en recevoir l'accomplissement.

Que peut signifier « se convertir » pour les hommes et les femmes qui ont déjà reçu la Révélation ? Changer de vie, se retourner vers Dieu pour voir leurs péchés pardonnés. Ainsi, la conversion vise non pas la croyance mais le péché, et en termes non pas de condamnation mais de pardon. Qui dit conversion chrétienne dit engagement de la liberté et de l'intelligence dans la voie qui aboutit à la délivrance de l'homme. Ce retournement ne peut s'opérer que par la puissance du Père des cieux, par le don de l'Esprit, et c'est le Christ qui l'accomplit en sa mort et sa Résurrection.

Par la puissance de l'Esprit

Les apôtres l'ont expérimenté. Pour eux, il ne s'agit pas de faire la preuve argumentée que Jésus est le Fils de Dieu. Ils en ont été les témoins choisis. Alors, qu'est-ce qui les empêche de reconnaître la puissance de Dieu et d'être eux-mêmes convertis, comme Jésus y invite Pierre : « Toi, quand tu seras converti, affermis tes frères » (Luc 22, 32) ? Leur refus intérieur.

Comment, pauvres pécheurs, vont-ils croire que Dieu est à l'œuvre ? Quand leur liberté sera délivrée de sa servitude, quand leur cœur de pierre brûlera d'amour, quand leurs oreilles bouchées par leur propre dureté entendront la Parole de Vie qu'ils ont à transmettre, quand leurs yeux s'ouvriront à la lumière qu'ils doivent faire briller aux yeux des hommes au lieu de la fuir, quand enfin ils laisseront agir en eux cette puissance divine que le Christ leur donne, l'Esprit d'amour qui unit le Père et son Fils.

C'est la leçon que les apôtres reçoivent au jour de la Pentecôte. Ils sont alors mis devant le fait accompli par Dieu. La puissance de salut qui agit en eux agit en même temps chez les autres et se déploie à l'intérieur de la faiblesse humaine. Voilà ce qu'est l'apostolat.

Retournement de la vie et délivrance du péché, la conversion rend capable d'observer ce que Jésus a prescrit, c'est-à-dire de partager sa vie en entrant dans son œuvre de Messie. À l'exemple des apôtres, on ne « se convertit » pas soi-même, en en prenant la décision ; on *est converti*, transformé par la puissance de l'Esprit du Père et du Fils, en se laissant inspirer. Ce don gratuit de Dieu – ce que les théologiens ont nommé la grâce – ne se substitue pas à la liberté humaine, mais celle-ci en a besoin pour être vraiment affranchie.

Les sacrements du baptême et de la miséricorde

C'est pourquoi Jésus demande à ses apôtres non pas de recueillir des adhésions, mais de « faire des disciples » en « les baptisant au nom du Père, du Fils et du Saint-Esprit ».

Le baptême est souvent réduit à un geste d'identification. Les enfants de parents chrétiens seraient baptisés comme d'autres reçoivent une identité musulmane, juive, bouddhiste, etc., en vertu d'un acte plus ou moins officiel. Mais le baptême d'un adulte est-il du même ordre que la naturalisation pour obtenir une nationalité ? Et le baptême d'un bébé s'ajoute-t-il à la déclaration de naissance à l'état civil avec l'acquisition automatique d'une citoyenneté ?

Non. Bien plus qu'une identification par appartenance religieuse ou ethnique, le sacrement du baptême est une naissance, une entrée dans la vie divine. Comment ? Par configuration à Jésus, le Fils unique, mort et ressuscité, afin d'être « adopté » comme enfant de Dieu. Frères et sœurs du Christ, les chrétiens sont capables d'agir comme lui – mieux encore, avec lui qui est présent en ses disciples. L'union baptismale ne rend pas infaillible la liberté qu'elle instaure. Elle peut encore être compromise par le péché. Mais le sacrement de la réconciliation ou de la miséricorde est toujours là pour la rétablir. Comme Jésus l'a promis : « Je suis avec vous tous les jours, jusqu'à la fin des temps. »

3

Comment témoigner ?

Dieu agit par les apôtres. Par leur parole et leur témoignage, il se révèle et exerce sa puissance. À quelle condition ? « Qu'ils soient un, Père, demande Jésus dans sa grande prière du Jeudi saint, comme toi et moi sommes un, afin que le monde croie que tu m'as envoyé » (Jean 17, 21).

Nous interprétons souvent cette phrase de manière toute humaine. Une bonne entente, « comme larrons en foire », suffirait-elle pour manifester le mystère de Dieu ? Jésus dit beaucoup plus : la puissance de l'Esprit montre en nous, malgré nos péchés et nos fautes, l'amour dont s'aiment le Père et le Fils. Voilà pourquoi la mission des apôtres est toute différente de n'importe quelle propagande idéologique ou commerciale.

C'est Dieu qui agit

Comment pouvons-nous donc témoigner ? Comment répondre à l'appel du Christ ressuscité : « Allez, et de toutes les nations faites des disciples » ?

Dans les Actes des Apôtres et dans les épîtres pauliniennes, nous voyons clairement comment la première génération chrétienne a proclamé la Bonne Nouvelle. Saint Paul avec ses compagnons sillonne le bassin méditerranéen. Il va de ville en ville. Il se rend dans les synagogues pour annoncer le Christ aux juifs qui y sont rassemblés. Puis il s'adresse aux païens. Parfois il commence par eux.

« De retour à Antioche, leur point de départ où ils avaient été remis à la grâce de Dieu pour l'œuvre qu'ils venaient d'accomplir, ils racontèrent ce que Dieu avait réalisé avec eux et surtout comment Dieu avait ouvert aux païens la porte de la foi » (Actes des Apôtres 14, 26-27). Au moment même où l'Apôtre des nations remplit une mission que l'on pourrait qualifier de propagandiste, il a bien conscience, lui « l'avorton », que c'est Dieu qui agit. Aux chrétiens de Corinthe, il confie, émerveillé : « Ce que je suis, je le dois à la grâce de Dieu… J'ai travaillé plus qu'eux tous – enfin, non pas moi, mais la grâce de Dieu qui est avec moi » (1 Corinthiens 15, 8.10).

Regarder l'autre comme Dieu le voit

Tentons d'analyser ce qui se passe en ces moments d'annonce de l'Évangile et de témoignage.

Une première conviction doit nous habiter, nous qui recevons du Christ, par la grâce du baptême, d'avoir part à la mission des apôtres : c'est que Dieu lui-même, pour qui nul cœur n'a de secret, agit dans le cœur de tout homme, et que Dieu seul parle bien de Dieu.

Devant quelqu'un à qui je voudrais parler, il est donc inutile de me poser des questions du genre : vais-je tout faire pour le convaincre, ou bien vais-je n'en venir à Jésus Christ que si la conversation m'en ouvre la possibilité ? Vais-je me défendre des polémiques ressassées contre le christianisme ou bien m'attaquer aux sottises que mon interlocuteur répète en prétendant avoir raison ? Vais-je lui démontrer que c'est bel et bien moi qui ai raison ?

La première attitude à avoir envers quelqu'un, ami ou inconnu, avec qui je souhaite parler de Dieu est de me demander comment je le regarde. Il ne faut pas que ce soit comme un adversaire, ni comme un élève, ni comme le destinataire d'un message publicitaire, etc., mais comme Dieu le voit.

Ce regard de foi porté sur l'autre – le voir avec les yeux du Christ –, je ne peux le recevoir que du Père des cieux, en me joignant à l'intercession des élus au ciel, à ce murmure universel qu'on appelle la communion des saints, à cette extraordinaire mélodie de la prière incessante de tous ceux qui plaident pour nous auprès de Dieu, ces « justes qui crient vers lui jour et nuit », dit Jésus (Luc 18, 7).

Prier pour être un moyen

Par la prière, je regarde tout être humain comme infiniment aimé de Dieu et porteur d'un secret qui m'échappe mais n'échappe pas à Dieu – un secret que cet autre à qui je vais m'adresser ne connaît pas encore. Cette attitude de foi m'amènera à l'aborder avec une bienveillance qui n'a rien d'une habileté et s'inscrit dans l'amour véritable, celui dont le Christ aime cette personne.

Dès lors, nous le savons, le peu que nous pourrons dire ou faire ne sera qu'un moyen mis à la disposition de ce frère. Dieu s'en servira pour éveiller sa liberté, le délivrer de ses servitudes et lui donner la joie.

Dans notre prière, nous pourrons vérifier, purifier notre témoignage. Dieu nous donnera une délicatesse d'appréciation, un raffinement du cœur interdisant qu'aucune parole blessante sorte de notre bouche. Du moins, notre amour sera assez ouvert pour que, s'il plaît à Dieu, nous devinions ce qui va aider ou offenser, toucher juste ou tomber à côté.

Cette attitude de prière et de foi est fondamentale. Elle est la première application du commandement de Jésus : ne pas nous contenter d'un amour mutuel, mais pousser jusqu'à l'amour de l'autre qui nous est étranger, voire hostile (Luc 6, 27-35). Nous entrons ainsi, sans attendre la moindre reconnaissance, dans la vérité de notre action de témoins du Christ : aider un frère à se détourner de ses idoles pour naître à la vie d'enfant de Dieu, peut-être au prix des douleurs de l'enfantement.

4

Dialoguer en vérité

Une parabole de Jésus peut éclairer notre relation missionnaire avec les autres : celle de l'aveugle de Jéricho (Marc 10, 46-52). Cet homme entend la rumeur : Jésus de Nazareth va passer. Il se met à crier : « Jésus, fils de David, aie pitié de moi. » Cette supplication est déjà une profession de foi. Elle est fondée sur ce qu'il a entendu rapporter de Jésus. Les disciples veulent écarter ce quémandeur. Mais Jésus le fait venir et l'interroge : « Que veux-tu que je fasse pour toi ? » Et la réponse est : « Seigneur, que je voie. »

Alors même que le Christ entend agir à travers notre faiblesse, nous savons bien qu'il serait aussi vain que présomptueux de poser la même question. Nous ne sommes pas Jésus. Arrêtons-nous cependant à la réponse de l'aveugle, car elle nous donne le secret du dialogue entre Dieu et les hommes.

Écouter

La première exigence d'un dialogue en vérité, c'est de permettre à notre interlocuteur de dire ce qu'il tient caché au fond de lui-même et que Dieu seul connaît. Il ne s'agit pourtant pas ici de l'écoute bienveillante des psychologues. Il nous faut apprendre en effet l'écoute de la foi, celle que Jésus réclame : « Si quelqu'un a des oreilles pour entendre, qu'il entende ! » (Marc 4, 23). Car Dieu, déjà, touche le cœur, l'intelligence, les blessures intérieures, les durcissements de l'être humain auquel il nous envoie. Dieu, le premier, l'appelle – parole de Dieu encore inconnue ou méconnue. Pour qui est croyant, écouter l'autre c'est lui permettre d'entendre cette parole qu'il n'identifie peut-être pas et de répondre ainsi à Dieu.

Se faire écho

L'art du dialogue pédagogique n'est donc pas ici une priorité. Nous croyons que tout être humain est déjà sollicité par l'amour dont Dieu l'aime. Saint Augustin le reconnaissait : « Tard je vous ai aimée, Beauté si ancienne et si nouvelle… C'est que vous étiez au-dedans de moi, tandis que j'étais en dehors de moi » (*Confessions*, X, 26). Pascal fait dire à Jésus : « Tu ne me chercherais pas si tu ne m'avais déjà trouvé. »

Il ne s'agit pas de dire aux gens qu'ils sont « chrétiens sans le savoir ». Mais il faut permettre à qui s'avance dans un dialogue obscur, ignorant de Celui qui lui parle en vérité, de faire lui-même le travail, d'inventorier cette relation, d'explorer cette parole encore inaudible à ses oreilles bouchées, cet appel qu'il n'a pas encore identifié et qui pourtant s'adresse personnellement à lui. C'est ainsi qu'il pourra commencer à répondre à Dieu qui, par la présence et l'attention du croyant, sollicite sa réaction.

C'est bien audacieux, objectera-t-on. Non. C'est un acte de foi, il faut le répéter. Aussi ne devons-nous pas présumer des fruits de cette écoute de l'autre. Ce pourra n'être que l'expression de sa détresse, de ses doutes, de sa révolte, de son indifférence, voire de son refus de s'exprimer.

Le croyant se fait comme la caisse de résonance à la question posée par Dieu, écho de l'offre que l'Esprit présente à tout homme qui, bon gré, mal gré, s'interroge sur Jésus. « Que veux-tu que je fasse pour toi ? » demande le Christ à qui s'adresse à lui. Répondre à cette question est déjà s'ouvrir le chemin de la conversion.

Avoir entendu

Revenons sur le rôle qu'a joué la rumeur pour l'aveugle de Jéricho. C'est elle qui l'a averti que Jésus passait par là. Pour se tourner vers le Christ, en effet, il faut d'abord avoir entendu parler de lui. Saint Paul le dit clairement : « Comment invoquer Dieu sans croire en lui ? Comment croire sans savoir ? Comment savoir si personne ne parle ? Et comment parler sans avoir été envoyé ? » (Romains 10, 14).

N'ayons donc pas honte de notre Maître et Seigneur. Rappelons-nous sa mise en garde : « Celui qui rougit de mes paroles ou de moi, le Fils de l'Homme rougira aussi de lui lors du Jugement » (Marc 8, 38).

Nous sommes appelés à rendre audible et visible le mystère du Christ. Comment ? De la façon la plus naturelle : au hasard des circonstances et des rencontres, même dans la rue, face à tel événement, il m'est arrivé, parce que j'en avais le cœur plein, de raconter des actes du Christ ou de rapporter des paroles de l'Évangile. C'était peut-être plus ou moins incongru pour des gens qui n'en avaient qu'une très vague idée. Mais si l'on n'entend jamais parler du Christ, comment aura-t-on la moindre notion de ce qu'il a fait et dit ? Et pourquoi serait-il plus inconvenant de citer une parole de l'Évangile qu'une pensée de Mao, du général de Gaulle ou de Socrate ?

Cependant, nous ne pouvons parler « naturellement » du Christ que si nous en sommes nourris, s'il est notre vie. Si l'on est obligé, avant d'ouvrir la bouche pour témoigner, de prendre le Nouveau Testament et d'y apprendre par cœur trois phrases à placer dans la conversation, il vaut mieux ne pas se livrer à ce genre de sport ! Si, en revanche, la Parole de Dieu est notre nourriture dans la Bible, la liturgie et les sacrements de l'Église, alors parlons, exprimons-nous ! Nous pouvons sans crainte être nous-mêmes puisque le Christ, comme il l'a promis, nous rend semblables à lui.

5

Montrer le Christ

Annoncer le Christ à toutes les nations, lui rendre témoignage, proclamer son Évangile, n'est-ce pas la version chrétienne de la propagande ou de la publicité ? En quoi cette mission donnée par Jésus diffère-t-elle des campagnes lancées par les spécialistes de la communication pour emporter à tout prix des adhésions en matière politique, philosophique ou commerciale ?

L'originalité de l'évangélisation (le terme déjà est spécifiquement chrétien) réside dans la relation d'amour entre Dieu et chaque être humain, qui est sa créature. Elle réside aussi dans la réponse de chacun à son Créateur, en un dialogue qui nous échappe entre Dieu – Père, Fils et Esprit – et chaque homme, chaque femme, quelle que soit son histoire et quoi qu'il sache ou ignore de la Révélation.

Revenons à notre aveugle de Jéricho. Jésus ne l'avait jamais vu et Bar Timée (puisque tel est son nom) ne connaissait même pas sa voix. Et pourtant, la question du Christ – « Que veux-tu que je fasse pour toi ? » – lui permettra de dire ce que déjà l'Esprit lui inspire de chercher.

Lenteur

Ainsi, le chemin de l'évangélisation commence par un dialogue intérieur. L'Esprit de Dieu travaille et parle au cœur de l'homme pour lui faire découvrir le Christ et lui faire comprendre qu'en lui, il peut devenir enfant du Père des cieux, appelé à vivre une autre vie, comme frère du Fils.

Nous sommes souvent déconcertés par les réactions que provoque l'annonce de l'Évangile : refus et rejets, lenteur pour accueillir la Bonne Nouvelle. Pourquoi nier la Vérité ? Pourquoi Dieu ne manifeste-t-il pas immédiatement sa puissance à des gens qui désireraient le connaître ?

Combien de fois aussi ai-je rencontré des incroyants qui me demandaient des arguments péremptoires pour se contraindre à admettre l'existence de Dieu ! Ou d'autres qui butaient devant l'acte de foi comme un cheval paralysé par l'obstacle ! Leur quête peut durer indéfiniment. Il y a encore ceux qui ont reçu une éducation chrétienne et se trouvent plongés dans la révolte et l'agressivité à l'égard des réalités de la foi. Pour quelle raison ? Cela leur demeure obscur à eux-mêmes…

Tout comme ces lenteurs, ces obstacles nous sont énigmatiques. Certes, il est utile d'engager la discussion : elle a le mérite d'aider celui qui cherche et ne veut pas encore trouver à laisser la question ouverte ; et surtout, elle nourrit le dialogue intérieur entre Dieu et une liberté humaine. Ce n'est pas la force des arguments ni la clarté des explications qui permettent de franchir le pas de la foi. Tant que la maturation n'est pas achevée, tant que la délivrance intérieure ne s'ébauche pas sous l'action de l'Esprit Saint, rien n'est possible.

Soudaineté

Parfois, à l'opposé, la soudaineté de la découverte de Dieu nous surprend. Certains, venus des horizons les plus divers (incroyance ou expérience religieuse étrangère à la foi au Christ), après avoir acquis une connaissance tantôt poussée, tantôt sommaire du christianisme, reçoivent en un instant l'évidence intime, la lumière que là est la Vérité et qu'ils doivent y adhérer.

Cette lumière se joue de toutes les difficultés, même si elles subsistent. Au fil du dialogue humain, avec ses lois, ses pesanteurs, ses répétitions, ses arguties, se poursuit le dialogue secret entre le Maître de nos vies, Dieu source de l'Amour, et un être humain qui, enfin se reconnaît aimé et s'ouvre humblement à plus grand que lui.

Permettre une rencontre

Dans tous les cas, la priorité est de montrer le Christ, de le désigner à celui qui ne le voit pas de lui-même, à l'instar des passants qui, sur la route de Jéricho, ont dit à l'aveugle : « Courage, lève-toi ; il t'appelle. » Il ne s'agit pas de forcer à reconnaître le Fils de Dieu en répétant : « C'est lui, c'est lui ; crois en lui, crois en lui », mais de permettre une rencontre.

La question essentielle est alors : où est-il possible de rencontrer le Christ aujourd'hui ? D'abord dans la Parole de Dieu, la Bible.

Le statut de l'Écriture est particulier. D'un côté, c'est un livre comme les autres ; il est imprimé, commercialisé ; on peut l'illustrer, le commenter, en tirer des scénarios. Bref, c'est une parole humaine, rédigée par des hommes à des moments de l'Histoire qui y ont laissé leur trace. D'où la tentation d'adapter l'Évangile, de le réécrire à notre façon avec les mots que nous estimons actuels. Mais je défie quiconque d'en produire une transposition qui ne soit pas un appauvrissement et une défiguration, comme si l'on entreprenait de mettre la Joconde au goût du jour en l'habillant aux soldes des grands magasins.

Et, en même temps, l'Écriture est une réalité quasi sacramentelle, *la* Parole de Dieu dans sa vérité. Étrange cristal dans lequel se reflète la lumière divine ! C'est pourquoi il faut présenter l'Écriture à celui qui attend l'annonce du Christ, lui raconter l'Évangile d'une manière humble, et l'inviter à reconnaître que c'est le Christ lui-même qui « se dit », lui, le Verbe fait chair.

6

Où le Christ se montre

Le Christ se rend perceptible dans la Parole de Dieu. Mais il se donne aussi à reconnaître dans la réalité sacramentelle de l'Église. C'est le cas à l'occasion des Journées mondiales de la jeunesse et des grands congrès d'évangélisation en Europe, à Vienne, Paris, Lisbonne, Bruxelles, Budapest…

En quoi un rassemblement d'Église manifeste-t-il le Christ ? Est-ce à la manière d'un meeting où s'imposerait une force collective ? Ou avec l'enthousiasme d'une grande fête, d'un grand concert, d'un grand match ?

La réalité sacramentelle de l'Église

Lorsque des chrétiens se réunissent pour l'Eucharistie, ce qui est visible est la célébration dont ils connaissent le sens. Mais, nous le croyons, l'Esprit agit en ce corps qu'ils forment. Le Christ lui-même se dit par l'Évangile proclamé. En leur prière au Père des cieux, il se livre par ses frères. Lorsque l'Église prie, c'est le Christ qui prie par la bouche des baptisés. Il se rend perceptible à ses membres en leur donnant son Corps. Il y a bien plus dans cette assemblée que l'addition de ce que chacun des participants apporte. Il y a le sacrement même du Christ.

Vouloir une grande assemblée de chrétiens si totalement transparente que tout y soit rendu compréhensible à des non-croyants, cela ne suffit pas à montrer le Christ. Cela ne peut qu'expliquer l'idée que s'en font ceux qui participent à une telle célébration. Or ils sont souvent incapables de dire ce qu'ils y ont ressenti. Et puis c'est leur secret, et le secret de Dieu ! On ne rend pas compte d'un rassemblement de ce genre comme de n'importe quelle autre manifestation. La présence mystérieuse, cachée et pourtant visible, de Jésus qui agit en ses frères dépasse à la fois l'expérience et l'expression.

Le piège nous guette donc de vouloir nous donner en spectacle, de faire en sorte que cette présence du Christ soit rendue palpable par ce que nous accomplissons. Dans ce cas, nous risquons de ressembler à des acteurs qui jouent pour un public des passages de l'Évangile ou des scènes religieuses, au lieu de vivre un sacrement et d'agir pour Dieu, qui voit dans le secret.

Si nous agissons pour le regard des autres, nous nous adapterons aux réactions que nous leur prêtons. Nous ne mesurerons plus nos paroles et nos gestes à la grandeur du mystère du Christ, à la profondeur qu'il peut atteindre dans le cœur des hommes. Si c'est lui qui agit, il touchera des réalités que nous sommes incapables d'atteindre. Il mettra le doigt sur des douleurs que nous ne soupçonnions pas. Il arrachera les tristesses mortelles qui peuvent habiter l'homme. Il fera vibrer des joies secrètes dont nous n'avons pas idée et qui n'ont rien à voir avec l'émotivité que nous pouvons susciter. Ainsi, même dans le bafouillis de la prière humble des frères et des sœurs rassemblés par le Christ, Dieu agit avec une puissance qui nous étonne : « Il ouvre aux païens la porte de la foi » (Actes des Apôtres 14, 27).

Le témoignage chrétien

Le témoignage des chrétiens dans la diversité de leurs comportements doit s'ancrer entre la Parole de Dieu et le rassemblement d'Église qui devient signe ou « sacrement ». C'est pourquoi l'attestation personnelle doit porter bien au-delà d'elle-même. Qui juge le christianisme à ce qu'en dit tel ou telle sera toujours tenté de conclure : « Celui-là n'est pas comme les autres », ou, à l'inverse : « Jamais je ne croirai ces histoires, étant donné ce que je sais ou pense de qui me les raconte. » Le témoignage d'un individu peut toujours être surestimé ou sous-estimé. Saint Paul remet chacun à sa juste place lorsqu'il écrit : « Ce n'est pas nous-mêmes, mais Jésus Christ que nous prêchons » (2 Corinthiens 4, 5). Le disciple, appelé à la suite de Jean-Baptiste à désigner son Maître, sait que le Christ Jésus est toujours présent et qu'il agit dans le cœur de tout homme par l'Esprit Saint. Il sait qu'il doit se situer entre ces deux grands témoins que sont l'Évangile et l'Église-sacrement.

Quand il faut argumenter

Quelles difficultés peuvent se rencontrer dans le dialogue d'évangélisation ? D'abord des objections de tous ordres. Devant elles, il n'y a que deux solutions : se taire ou répliquer.

Dans ce dernier cas, il faut être modeste et compétent – et, si nécessaire, renvoyer à quelqu'un d'autre ou indiquer des livres. Il faut mesurer la portée de la contestation et déterminer quelle réponse l'interlocuteur est capable d'entendre, compte tenu de sa culture historique, biblique, philosophique, etc.

Réfuter les objections peut lever des obstacles mais ne suffit pas toujours à faire naître une conviction. Une fois le dialogue terminé, l'argumentation perd son poids. On oublie l'argumentation pour ne plus se souvenir que de l'achoppement. Nécessaire mais généralement insuffisante, la réponse humble aux objections sera féconde dans la mesure où elle évitera la polémique, ne prétendra se substituer à l'action de l'Esprit ni dans l'Écriture ni dans l'Église-sacrement, et sera portée par la prière et la charité.

7

Changer de vie

Quand bien même les objections ont été réfutées, il s'avère que souvent demeure un obstacle intérieur qui nous échappe. Dans l'Évangile selon saint Jean (3, 20), Jésus en donne une redoutable explication : « Celui qui ne vient pas à la lumière, c'est de crainte que ses œuvres ne soient démasquées. »

Voilà l'obstacle véritable que nous ne pouvons pas nommer sans abuser de la relation que nous avons avec l'autre : obstacle d'une vie engluée dans ce que l'intéressé tôt ou tard découvrira lui-même comme un refus d'aimer, voire un péché. L'Évangile en donne deux exemples opposés.

La Samaritaine et le jeune homme « riche »

Jésus entame son dialogue avec la Samaritaine (Jean 4, 4-42) en lui demandant à boire, et la discussion se poursuit en plein quiproquo sur l'eau vive. Le Christ interrompt la femme : « Va, appelle ton mari et reviens ici. » Elle répond : « Je n'ai pas de mari. » Et Jésus lui explique pourquoi elle dit vrai. Elle constate alors : « Seigneur, je vois que tu es un prophète. » Puis s'engage une nouvelle discussion « théologique » (déjà évoquée plus haut) sur l'idolâtrie et le culte véritable. Lorsque la Samaritaine déclare : « Je sais que le Messie doit venir », Jésus répond : « Je le suis, moi qui te parle. » Alors elle court annoncer aux gens : « Venez voir un homme qui m'a dit tout ce que j'ai fait. Ne serait-il pas le Messie ? »

Seul Jésus peut se permettre dans le dialogue de mettre le doigt sur l'idolâtrie de cette femme et donc des adorateurs du mont Garizim en Samarie. Il opère par là une délivrance intérieure et leur fait découvrir le Dieu vivant et vrai. La reconnaissance de la vérité passera de même, pour chacun, par la découverte de ce qu'est sa vie et l'acceptation de le dire, même dans ce qu'il fait de mal.

À l'inverse de la Samaritaine, le jeune homme « riche » s'en va tout triste et refuse de suivre Jésus, parce qu'il reste prisonnier de ses biens (Matthieu 19, 16 et suivants).

Lutter pour se reconnaître pauvre

Ainsi, ce qui s'oppose à ce retournement d'une vie pour consentir à Dieu est le principal obstacle. Pour autant, tout incroyant est-il un pécheur ? « Tout homme est pécheur », dit saint Paul (Romains 3, 23). Et le défaut de foi, d'amour et d'espérance pousse sur le terrain du péché. Il faut délivrer de cette gangue la source profonde de la vraie Vie. C'est ce qu'accomplit la grâce inouïe du pardon dans la liberté de l'homme.

Voilà pourquoi, sur le chemin de la découverte du Christ, beaucoup se débattent dans un combat difficile, en proie à toutes sortes de déchirements intérieurs. Il leur faut réformer ce qui dans leur vie s'avère, à la lumière reçue de Dieu, d'une tout autre gravité qu'ils ne l'estimaient jusque-là. Et ils ne se sentent pas toujours libres de faire ce qui leur apparaît juste et vrai, bon et beau. Ils ne trouvent pas le courage de se reconnaître pauvres de tous ces biens dont Dieu leur inspire le désir...

À ce moment, la tentation devient forte de penser que la foi chrétienne est belle pour d'autres, mais trop belle pour soi, qu'elle n'est pas faite pour le malheureux qui reste là, dans son coin. Il n'ose pas s'avancer, se fier à l'appel qu'il ressent intérieurement. Il se justifiera en se disant : « Ce n'est qu'un rêve, une illusion. »

L'exemple du Baptiste

Pour avoir l'audace de changer de vie et de persévérer, même s'ils en ont le désir, les futurs disciples ont besoin d'être aidés par d'autres chrétiens. Ni surveillants ni juges, leur attention discrète et leur amour fraternel seront entièrement portés par l'amour du Christ. Ils s'effaceront devant lui comme Jean le Baptiste. Redoutant d'offenser la liberté d'autrui, ils voudront la fortifier, la défendre d'elle-même, de ses lâchetés. Ils prieront pour que chacun trouve le chemin où Dieu l'appelle et qu'il vive cet enfantement de lui-même par la puissance de l'Esprit.

Les exigences chrétiennes ne sont pas toutes bonnes à dire d'un coup. Car le Tentateur rôde. Il représentera la liberté des enfants de Dieu comme une servitude insoutenable. Il cherchera à faire fuir celui qui aspire à la vie nouvelle dans le Christ, de crainte d'être soumis à une discipline trop austère.

Dieu seul peut enseigner à l'apôtre un tact pédagogique enraciné dans la douce miséricorde du Père et dans la prière des saints et de l'Église. Ce chemin de conversion est inscrit de façon systématique dans l'itinéraire du catéchuménat. Mais, auparavant, le dialogue avec des chrétiens aura pu mettre en route celui ou celle qui est appelé à suivre le Christ.

Si Dieu appelle ainsi une personne, c'est qu'il a sur elle un certain dessein : vocation à l'amour et au témoignage. Elle découvrira le sens de sa vie, puisque « dès avant la fondation du monde » (Éphésiens 1, 4 et suivants) elle a été choisie, elle aussi, pour être dans le Christ un signe de l'Amour éternel dont Dieu aime tous les hommes et participer à son tour, avec le Christ, à l'acte sacerdotal du salut de l'humanité.

V

Témoigner à l'ère de la communication

Les paradoxes de l'évangélisation, aujourd'hui comme hier

1

Au-delà de l'émotion

L'Évangile nous demande, par-dessus tout, d'aimer nos frères, avec l'aide de l'Esprit Saint – tous nos frères, sans limites. Mais, justement, les limites du monde ont considérablement reculé depuis deux mille ans. La charité fraternelle peut-elle encore se pratiquer comme à l'époque de Jésus ? Non seulement elle est appelée à s'étendre à la planète entière, mais encore les moyens modernes d'information ne laissent rien ignorer des tragédies qui la sollicitent. Ces images suscitent de vives émotions : compassion, indignation, honte, envie de « faire quelque chose »... L'amour est-il désormais pétri de ces sentiments que notre civilisation mobilise et parfois manipule dans notre univers médiatique ? Comment, sans anachronisme, tirer une leçon de l'Évangile, qui est né dans une culture si différente de la nôtre ?

L'homme est toujours le même

En fait, les puissants moyens de notre technique ne mettent en œuvre rien d'autre que l'humain : l'homme d'aujourd'hui comme d'hier, façonné, certes, par ses manières de vivre, par ce qu'il entend, ce qu'il répète, mais bien semblable, dans sa condition et sa dignité, à ceux qui l'ont précédé comme à ceux qui le suivront. Les circonstances historiques changent, les langues et les mœurs évoluent, les organisations sociales bougent. Mais l'homme reste une énigme pour lui-même, déchiré mais appelé à la Vie dont le Christ montre le chemin.

La vraie difficulté à entendre et comprendre la Parole de Dieu faite chair ne tient pas d'abord aux différences de culture et de civilisation, mais aux résistances que nous opposons à l'amour auquel elle nous appelle.

La « pitié » du Bon Samaritain

Il faut ici revenir à la parabole du Bon Samaritain (Luc 10, 20 et suivants). Jésus y montre ce qu'implique très concrètement de « se faire le prochain » de qui souffre. Mais le sentiment qui motive l'action charitable doit retenir notre attention. Les traductions habituelles disent qu'à la différence des deux premiers personnages passés à côté de l'homme blessé, abandonné sur la route, le troisième, un Samaritain, est « pris de pitié ».

Suffit-il donc d'avoir bon cœur pour faire ce qui est digne de l'homme ? Le Bon Samaritain est-il l'inventeur inconnu du Téléthon ?

Or cette traduction est quasiment un faux sens ! Car le mot employé par saint Luc dit que cet homme de Samarie « a les entrailles remuées jusqu'au plus profond ». Dans l'Évangile, ce terme est réservé pour décrire non pas la compassion ordinaire qu'inspire aux hommes le malheur de leurs semblables, mais ce que Jésus ressent à l'égard de ses frères souffrants. Ainsi, face à la veuve de Naïm (Luc 7, 13), en voyant la foule sans berger (Marc 6, 34) ou devant les deux aveugles de Jéricho (Matthieu 20, 34). C'est encore ce que Dieu éprouve pour sa créature abîmée et perdue, tel le père qui voit son fils prodigue revenir à lui (Luc 15, 20) ou le maître du débiteur insolvable (Matthieu 18, 27).

Il ne s'agit donc pas de l'expérience que nous avons tous d'un « coup de cœur », d'un attendrissement, d'un élan de générosité, mais de la manière dont Dieu lui-même nous aime. Et c'est là ce que le Christ veut nous faire découvrir.

« Les sentiments du Christ Jésus »

Ainsi, par rapport à l'émotion qui mobilise notre civilisation des médias, de l'image, de la publicité, de l'amplification des indignations dans une foule, s'introduit une conduite singulière : celle de Dieu, celle du Christ. Nous sommes invités à adopter cette attitude par la force de l'Esprit Saint pour penser comme Dieu pense, pour aimer comme Dieu aime, pour être émus comme Dieu est ému, si toutefois ce mot a encore le même sens.

Il ne s'agit pas de mépriser le sentiment du cœur humain ni même de le rabaisser, mais de voir jusqu'où doit aller ce premier mouvement – l'émotion – pour répondre à ce que Jésus nous montre et nous demande.

Saint Paul nous fait comprendre de façon paradoxale quel est ce sentiment de Dieu et du Christ que nous appelons compassion : le fait d'avoir « les entrailles remuées » – expression imagée pour désigner une attitude qui nous dépasse et pourtant nous concerne. L'apôtre écrit aux Philippiens (2, 6 et suivants) : « Ayez en vous les sentiments qui étaient dans le Christ Jésus. » Comment est-ce possible ? Paul poursuit dans ce passage que nous méditons le dimanche de la Passion : « Lui qui était de condition divine n'a pas jugé bon de revendiquer d'être traité à l'égal de Dieu ; mais, au contraire, il s'est dépouillé lui-même, en prenant la condition de serviteur... Devenu semblable aux hommes, il s'est abaissé plus encore en se faisant obéissant jusqu'à mourir et à mourir sur une croix. »

Ce que le Christ éprouve, c'est cet amour qui est d'abord une action. Pour la gloire de Dieu et pour la délivrance des hommes, cette action conduit le Christ au don total de sa vie, afin que « nous ayons la vie et que nous l'ayons en abondance » (Jean 10, 10).

2

Entrer dans les pensées de Dieu

La force de l'émotion peut éveiller la générosité du public. Mais combien de tels élans sont fragiles ! L'oubli guette chacun. Que l'on cesse de parler d'une détresse, et l'émotion fait place à l'indifférence.

Éclairons par une autre page d'Évangile (Matthieu 16, 13 et suivants) la question que pose la versatilité de l'opinion.

Dans la région de Césarée de Philippe, lors de la fête juive du Grand Pardon, jour de jeûne où le grand prêtre, au Temple, entre seul dans le Saint des Saints et prononce le Nom divin qu'en signe de respect nul ne profère jamais, le Christ demande à ses disciples : « Que disent les gens qu'est le Fils de l'Homme ?... Et vous, qui dites-vous que je suis ? » Jésus ne fait pas un sondage d'opinion. Il interroge sur les paroles prononcées : ce que disent les gens, ce que disent les disciples.

Simon-Pierre « heureux » – et malheureux

Les disciples répondent sur-le-champ à la première question : « Les uns disent Jean le Baptiste ; d'autres, Élie ; d'autres encore, Jérémie ou l'un des prophètes. » La seconde question demande aux disciples ce qu'eux-mêmes disent. Il ne s'agit pas de leur opinion, mais de l'attitude publique par laquelle ils se compromettent. En effet, une parole d'homme – parole donnée, parole dite – engage face à autrui. C'est la parole qui porte la vérité ou le mensonge, la dignité d'un être ou, à l'inverse, sa lâcheté.

Réponse immédiate de Simon : « Tu es le Christ, le Messie, le Fils du Dieu vivant. » Jésus reconnaît dans ce que dit Simon la parole même du Père des cieux, entendue lors de son Baptême et de sa Transfiguration (Matthieu 3, 17 et 17, 5 et parallèles synoptiques), et il lui répond : « Heureux es-tu, Simon fils de Jonas, car ce n'est ni la chair ni le sang (ta force humaine) qui t'ont révélé cela, mais mon Père qui est aux cieux. » Jésus a provoqué son apôtre à dire cette parole qui vient de Dieu et dans laquelle Simon s'engage. Alors Jésus impose à Simon un nouveau nom. Il lui donne celui de « Pierre » (roc, caillou), pour montrer qu'il va bâtir son Église (ce Temple spirituel, où Dieu habite) en se servant de Simon comme pierre de fondation.

Puis le Christ annonce aux apôtres qu'il va monter à Jérusalem et beaucoup souffrir, qu'il sera mis à mort et que le troisième jour il ressuscitera. Mais Simon ne comprend pas la portée de sa propre profession de foi. Il se met en travers du chemin de Jésus : « Dieu t'en préserve, Seigneur ! Cela n'arrivera pas. » Car il aime Jésus et n'écoute que son cœur.

Se retournant, Jésus lui lance cette phrase terrible : « Derrière moi, Satan. Tu es pour moi une occasion de chute » – alors que tu dois être mon disciple et me suivre. « Car tes vues ne sont pas celles de Dieu, mais celles des hommes. » Nous sommes ici au cœur du problème de l'opinion – au sujet de Jésus, au sujet de Pierre.

Jusqu'à la contradiction

Sans doute aurions-nous réagi de la même façon que Simon-Pierre. Pourquoi la sévère réprimande de Jésus ? Parce que nous ne devons pas nous fier à une réaction spontanée selon les pensées des hommes, et nous devons au contraire partager les vues de Dieu. Mais comment ?

Aucun sondage d'opinion ne peut saisir les vues de Dieu sur l'humanité. Exemple : on nous explique que tel pourcentage d'hommes croient en l'existence de Dieu. Mais celle-ci dépend-elle de sondages ? L'enquête peut montrer ce que les gens savent ou ignorent, quelle idée de Dieu est la plus répandue, etc. Que « le Messie doive souffrir pour entrer dans sa gloire » paraît impensable, inacceptable. « Scandale pour les juifs, folie pour les païens », dira saint Paul (1 Corinthiens 1, 23). Et pourtant, ce sont là les pensées de Dieu – et non celles des hommes –, telles que Jésus les révèle à ses disciples.

Comprendre en Dieu la grandeur de l'homme

Que nous demande donc notre Seigneur et Maître ? D'ouvrir notre esprit, notre intelligence, notre cœur à la mesure des pensées de Dieu. Cette attitude nous mettra en contradiction – parfois, souvent, toujours – avec les pensées des hommes, y compris nos propres sentiments. Pourquoi ? Parce que nous atteignons là la source de la Vie, qui nous oblige à changer, à être convertis pour comprendre ce que Dieu attend de nous. Non que Dieu soit un dresseur d'hommes qui ne nous laisserait jamais tranquilles. Mais l'homme se cache à lui-même la dignité à laquelle il est appelé. Le péché le rend aveugle et sourd.

Voilà pourquoi nous devons sans cesse apprendre à entrer dans les pensées de Dieu. Nous avons le cœur serré en voyant à la télévision des meurtres d'enfants. Que change l'actualité, et tout le monde oublie ! Dieu, lui, n'oublie jamais. Il nous apprend non pas à garder ces événements en mémoire avec amertume et indignation, mais à toujours découvrir quelle est la vraie grandeur de l'homme. Et il nous appelle à vivre et à agir pour que cette grandeur de la condition humaine soit effectivement reconnue et devienne visible par la puissance de l'Esprit Saint dans la communion au Christ Jésus.

3

Agir pour Dieu

L'Évangile selon saint Matthieu rapporte une mise en garde très ferme du Christ contre la fascination qu'exercent sur nous les images, les apparences, les impressions. C'est, à la suite du Sermon sur la Montagne et de consignes aux disciples pour vivre dans la sainteté de la Nouvelle Alliance, un double enseignement au premier abord déconcertant.

Se faire voir ou se cacher ?

Dans un premier temps (5, 13-16), Jésus leur dit : « Vous êtes le sel de la terre… Vous êtes la lumière du monde. » La lampe n'est pas faite pour être mise sous le boisseau. La ville sur une hauteur ne peut être cachée. Et de conclure : « Que votre lumière brille aux yeux des hommes, pour qu'en voyant vos bonnes œuvres ils rendent gloire à votre Père des cieux. » Le Christ, semble-t-il, souhaite que ses fidèles « donnent le bon exemple ».

Or un peu plus loin (6, 1-5), il recommande de faire l'aumône, de prier, de jeûner non pour être vu par les hommes, mais de Dieu seul : « Ton Père, qui voit dans le secret, te le rendra. »

Ainsi donc, dans le même discours, Jésus semble se contredire. S'il faut pratiquer en se cachant la charité, la prière et le jeûne qui résument le service de Dieu et des frères, quel exemple les autres pourront-ils suivre pour rendre à leur tour gloire à Dieu ?

Cette contradiction n'est qu'une illusion. Car si nous agissons pour être vus des hommes, nous n'agissons que pour nous-mêmes et non pour Dieu. Ce n'est donc plus une bonne œuvre où transparaît l'action de l'Esprit Saint.

Mais alors, comment à la fois se cacher et être vu ? Il suffit d'agir pour Dieu, et pour Dieu seul. Quant à savoir ce que les autres verront, c'est le secret de Dieu.

Si l'on agit pour être remarqué, fût-ce pour une bonne cause, on est dans la situation du comédien : l'important, c'est l'apparence, le *look*, comme disent les publicitaires qui savent rendre séduisant par le vêtement, la coiffure, le maquillage, etc. Si en priant on cherche avant tout à donner une image du recueillement ou de l'extase à des gens qui ne savent pas ce que c'est, on joue un rôle et on ne prie pas. C'est de l'hypocrisie. La seule vraie manière de prier, c'est de se tourner vers Dieu, et personne d'autre. Dès qu'on essaye de composer son visage ou de se faire une tête de mystique, on est perdu. Il faut au contraire que cette action de la prière consiste à se placer sous le seul regard de Dieu, et qu'importe ce que les autres en verront !

Un souvenir

Pendant une visite du Pape en France, je l'ai, sans le vouloir, surpris à prier seul, dans une petite chapelle improvisée sous le grand podium où il avait célébré la messe. À l'entour, un va-et-vient invraisemblable. Jean Paul II était à genoux. On sentait presque sa concentration physique. Il priait avec insistance, entièrement absorbé dans ce qu'il faisait, comme un bûcheron taille un tronc d'arbre. Il m'a semblé qu'il se battait non pas avec Dieu, mais en accompagnant Jésus dans son combat spirituel. L'image du Christ à Gethsémani m'est venue à l'esprit. Je n'avais aucune idée de ce que le Pape pensait ni de ce que Dieu lui donnait de percevoir. Il priait, concentré et pourtant le visage serein. Il priait « pour » Dieu. Je suis reste émerveillé devant ce Pape qui « ne priait pas pour être vu des hommes ». Et j'ai rendu grâce à Dieu.

Quand on prie de cette façon, ce n'est pas l'homme qui se montre ni qui veut montrer Dieu et l'expliquer. Ce n'est pas non plus un acteur qui figure le Christ. On ne se donne pas un air. On est tel qu'on est : humble, pauvre, avec ses limites et la force que Dieu met en notre faiblesse pour répondre à son appel ainsi qu'à notre désir profond de faire connaître et aimer celui que nous connaissons et aimons. C'est alors que Dieu lui-même se donne à voir dans ses serviteurs.

Le témoignage des martyrs

Et c'est ce que les premières générations chrétiennes nommaient « le martyre ». Au temps de la grande persécution de Septime Sévère, à Carthage, au début du IIIe siècle, une jeune femme, Félicité, dans les douleurs de l'enfantement, attendait que ses bourreaux la jettent dans l'arène. Ils se moquaient d'elle : « Si déjà tu gémis ainsi, que feras-tu une fois livrée aux fauves ? » Elle répondit : « Là-bas, un Autre sera en moi qui souffrira pour moi, parce que c'est pour lui que je souffrirai. » Oui, c'est le Christ qui souffrira en elle. Dans le martyre, ce n'est pas l'héroïsme d'un être humain qui apparaît, mais la force du Christ.

Pour devenir aux yeux des hommes un signe visible et même lumineux de la présence de Dieu, il faut agir non pas pour les hommes mais pour Dieu. Pour que soit visible l'invisible, il faut agir sous le regard de Celui qui est invisible et voit dans le secret.

4

Rumeur et vérité

Comment l'Évangile nous enseigne-t-il à traiter « l'opinion » ? Peut-être plus qu'à d'autres époques, nous sommes enclins à nous y conformer, sans même nous en apercevoir. La manifestation la plus extrême en est la rumeur : un bruit qui se répand et qui devient une certitude alors qu'aucun élément vérifiable ne l'atteste. Les rumeurs peuvent être cruelles, parfois homicides : elles ont provoqué des lynchages, des massacres. Aucun démenti, aucune preuve du contraire ne peut les arrêter. Il faut que le temps passe.

Il est humiliant pour notre raison que les hommes puissent être victimes d'un tel parasitage de la connaissance, alors que celle-ci a pour objet la vérité – la vérité fragile des faits et des événements matériels, mais aussi les vérités spirituelles les plus hautes. Dans la plupart des domaines, nous sommes tributaires de ce qui « se dit » et « se répète ». Rien cependant ne nous dispense de la critique – ce qui ne signifie pas le soupçon universel *a priori*. Un reportage photographique peut être trompeur, selon l'angle de la prise de vue, l'éclairage, etc. Une image peut être truquée. Les faits rapportés peuvent être fictifs.

Établir les faits

Établir la vérité est un travail difficile : il repose sur la bonne foi des témoins, mais aussi sur leurs capacités de perception et de jugement.

C'est pourquoi les juges prennent tant de peine pour recueillir des preuves irréfutables, en recoupant les dépositions. Mais combien d'enquêtes butent sur l'impossibilité de vérifier les faits, et combien de jugements sont rendus sur des bases fragiles !

De même, la recherche historique requiert les travaux rigoureux de spécialistes pour étayer la véracité d'un événement. On peut donner en exemple la liquidation massive des officiers polonais à Katyn au début de la Seconde Guerre mondiale : les Soviétiques, alors qu'ils en étaient les auteurs, avaient accusé les Allemands de ce crime. Il y a encore les débats récents sur le nombre des victimes juives du nazisme et l'existence même de ces massacres, alors que les chercheurs de tous horizons donnent des chiffres qui coïncident pour décrire l'ampleur de ce drame et son indéniable réalité. Pour se déculpabiliser, ou pour justifier les théories qui ont engendré de tels crimes, on dénature les faits, on falsifie la vérité…

Jésus et la Vérité

L'Évangile nous rapporte de semblables manipulations. Par exemple, quand on s'aperçoit que le corps de Jésus a disparu, les soldats qui montaient la garde sont soudoyés pour dire : « Ses disciples sont venus de nuit et l'ont enlevé pendant que nous dormions » (Matthieu 28, 12-13). Cette rumeur est propagée pour contredire le témoignage des apôtres qui ont découvert le tombeau vide et ont vu le Christ ressuscité.

Jésus pose la question de la Vérité. Non pas seulement la réalité d'un événement telle qu'un enquêteur pourrait l'établir, un historien la vérifier ou un témoin l'attester. Mais la Vérité qui met à jour et sollicite les libertés humaines. Le sens de la destinée des hommes, le salut qui leur est offert, ce n'est pas n'importe quelle vérité aussi facile à prouver qu'oubliable !

Ainsi, lorsque Jésus dit : « La Vérité vous rendra libres » (Jean 8, 32), il s'agit de la Vérité de Dieu, qui se heurte à la ténèbre, au refus de la Lumière. Au plus secret de son cœur, l'homme, créé pour la sainteté, peut s'enfoncer dans le péché. Il peut fermer les yeux au point de se conduire en aveugle et au risque de se détruire lui-même.

Venir à la lumière

Nous l'avons rappelé, si Jésus dit à ses disciples : « *Vous êtes* la lumière du monde » (Matthieu 5, 14), il se désigne lui-même dans les mêmes termes : « *Je suis* la lumière du monde. Celui qui viendra à ma suite ne marchera pas dans les ténèbres. Il aura la lumière qui conduit à la Vie » (Jean 8, 12). Et il insiste : « Moi, la lumière, je suis venu dans le monde afin que quiconque croit en moi ne demeure pas dans les ténèbres » (Jean 12, 46).

Et voici que se joue un drame inimaginable : « La lumière est venue dans le monde et les hommes ont préféré l'obscurité » (Jean 3, 19). Alors, pour faire resplendir cette lumière de la Vérité, Jésus mettra en œuvre une stratégie et même une pédagogie qui n'ont rien à voir avec les manipulations de l'opinion ! En effet, explique-t-il à ses apôtres, « quiconque fait le mal hait la lumière et ne vient pas à la lumière de peur que ses œuvres ne soient démasquées. Celui qui agit selon la Vérité vient à la lumière pour que ses œuvres soient manifestées, elles qui ont été accomplies en Dieu » (Jean 3, 20-21).

5

Le jugement de Vérité

Nous sommes persuadés, non sans raison, qu'il faut communiquer. Aujourd'hui, être « transparent » devient une obligation. Nous supposons que, moyennant bonne volonté et technique adéquate, les incompréhensions et les difficultés relationnelles peuvent être surmontées. Et de conclure : si le message dont l'Église témoigne n'est pas reçu, c'est que sa communication est mauvaise.

Communication et Bonne Nouvelle

Certes, les instances officielles de l'Église, les évêques, les responsables des paroisses ou Dieu sait qui encore ne sont pas nécessairement experts en communication. Et il serait souvent utile qu'ils apprennent à mieux accomplir cette tâche jugée si importante aujourd'hui.

Mais ne nous trompons pas sur la nature de notre mission. Il faut revenir aux passages de l'Évangile où l'on voit ce que Jésus lui-même exprime à ce sujet. Il n'est évidemment pas question d'en tirer des recettes pour le maniement des techniques de radio ou de télévision. Car ce que nous nommons trop facilement « communication » n'est pas seulement un savoir-faire ni un savoir-vendre lorsqu'il s'agit de la Bonne Nouvelle du Salut.

En réalité, le fait de « communiquer » – et *a fortiori* lorsqu'il s'agit de l'annonce du Règne de Dieu – éclaire la condition humaine dans toute sa complexité et son épaisseur, voire son opacité. L'homme n'est pas qu'une machine à parler ou à enregistrer. Tout message sur la vérité de sa situation et de sa vocation met en jeu sa liberté, place son intelligence devant des choix, met en cause les orientations qu'il donne à son action et à toute sa vie.

Jésus connaît le cœur de l'homme, mais ne juge pas

Au début de son Évangile (2, 23-25), saint Jean note : « Tandis que Jésus séjournait à Jérusalem, durant la fête de la Pâque, beaucoup crurent en son Nom à la vue des signes qu'il opérait. Mais Jésus ne se fiait pas à eux, parce qu'il les connaissait tous et qu'il n'avait nul besoin d'un témoignage sur l'homme, car lui-même savait ce qu'il y a dans le cœur de l'homme. » Est-ce de sa part scepticisme ou méfiance ? Non, mais intuition pénétrante des contradictions que nouent la conduite des hommes et leur relation à la vérité.

Un peu plus loin, toujours dans l'Évangile de Jean (7, 14 et suivants), Jésus monte au Temple et se met à enseigner. Ses auditeurs, surpris, disent : « Comment est-il si savant, lui qui n'a pas étudié ? » Jésus leur répond : « Ma doctrine ne vient pas de moi, mais de Celui qui m'a envoyé. Si quelqu'un veut faire sa volonté, il connaîtra si ma doctrine est de Dieu ou si je parle de moi-même. » Alors que l'autorité de Jésus est contestée, sa réponse est confondante : l'auditeur est renvoyé à sa propre relation à la Vérité.

De même, à ceux qui lui reprochent d'avoir guéri un paralytique le jour du Sabbat (Jean 5, 1-15), le Christ réplique : « Cessez de juger selon l'apparence (selon le regard, dit le grec), mais jugez selon ce qui est juste. » Ainsi, Jésus fait appel à la capacité qu'a l'homme de reconnaître la justice au lieu de se fier à ce qui paraît et peut être trompeur.

Après l'épisode de la femme adultère, nouvelle discussion à propos de la déclaration de Jésus : « Je suis la lumière du monde. » Ses interlocuteurs objectent : « Tu te rends témoignage à toi-même. Ton témoignage n'est pas valable. » On considérait en effet qu'il fallait plusieurs témoins pour attester la validité d'un fait. Réponse de Jésus : « Il est vrai que je me rends témoignage à moi-même. Et pourtant mon témoignage est recevable parce que je sais d'où je viens et où je vais, tandis que vous, vous ne savez ni d'où je viens ni où je vais. Vous jugez de façon purement humaine (le grec dit : selon la chair). Moi, je ne juge personne, et s'il m'arrive de juger, mon jugement est conforme à la Vérité, parce que je ne suis pas seul : il y a aussi Celui qui m'a envoyé » (Jean 8, 12-16).

La liberté face à la Vérité

C'est une affirmation répétée de Jésus. Déjà, lors de son entretien avec Nicodème, il avait dit : « Dieu n'a pas envoyé son Fils dans le monde pour juger le monde, mais pour que le monde soit sauvé par lui » (Jean 3, 17). Et, avant la Cène, il proclamera : « Si quelqu'un entend mes paroles et ne les garde pas, ce n'est pas moi qui le juge. Car je ne suis pas venu pour juger le monde, mais pour sauver le monde » (Jean 12, 47).

Cet enseignement est une constante dans la pensée du Christ. Derrière cette idée qu'il développe, il montre le combat spirituel de l'homme, dont il ne cache ni les enjeux ni la profondeur.

Loin de masquer à l'homme sa vérité, mais tel un médecin qui livre un rude diagnostic au malade qui ne veut pas l'entendre, Jésus place la liberté de l'homme devant la Vérité, là où l'intelligence faite pour connaître Dieu peut se fermer et s'arrêter à des apparences, où la volonté faite pour aimer Dieu peut se dérober au lieu de se laisser entraîner dans l'Amour dont elle a besoin pour ne pas se détruire. L'homme ne décide pas de la Vérité, mais c'est plutôt elle qui restaure sa liberté.

6

Voir le signe du Christ élevé

Revenons sur l'entretien avec Nicodème : cet homme âgé, maître en Israël, vient discuter en cachette avec Jésus. Celui-ci lui dit qu'il doit naître à nouveau, naître d'En-Haut, et il lui explique : « Comme Moïse a élevé le serpent dans le désert, il faut que le Fils de l'Homme soit élevé afin que quiconque croit en lui ait la vie éternelle » (Jean 3, 14-15).

Cette comparaison éclaire l'œuvre de Jésus et explique pourquoi les hommes acceptent ou n'acceptent pas l'amour de Dieu en son Fils, Jésus, qui les sauve.

Tel le serpent de Moïse

Jésus utilise comme une parabole un épisode qui nous paraît étrange. Il est rapporté par les livres des Nombres (21, 4-9) et de la Sagesse (16, 5-10). Dans le désert, le peuple de Dieu est attaqué par des serpents brûlants à la morsure mortelle. Sur l'ordre de Dieu, Moïse fait couler un serpent d'airain et le fixe sur une hampe. Tous ceux qui lèveront leur regard vers lui seront guéris ou protégés. Ils auront la vie sauve.

Par l'action de Dieu et la venue du Messie, la mort est transformée en source de vie. C'est l'inversion du processus fatal : Dieu tire le bien du mal. Mais Jésus pousse plus loin l'explication : « Il faut que le Fils de l'Homme soit élevé (pour que tout le monde le voie), afin que quiconque croit en lui ait la vie éternelle. »

Il y a un lien entre la vérité de ce qui est accompli en Jésus et l'acte de croire. Tout un chacun pouvait voir et peut encore maintenant se représenter la crucifixion. Encore faut-il voir ce qui est manifesté par Dieu dans cette apparence, dans ce qui est accessible au regard. Si l'homme ne juge pas seulement « selon la chair », s'il voit vraiment et s'il croit, il a en lui la vie éternelle, plus forte que la mort. Le Christ, élevé de terre – non seulement sur la Croix, mais aussi par son Ascension, son entrée dans la gloire du Père – donne la vie de Dieu à tous ceux qui lèvent les yeux vers lui et qui croient en lui.

Dieu n'explique pas, il sauve

À la question de l'homme enfermé dans le mal, la souffrance, la mort, Dieu ne répond pas par une explication ou une théorie. Il ne dit pas que l'homme l'a bien mérité ni que c'est pour le punir. Dieu n'est pas un bourreau, mais le Père qui veut que sa créature, son enfant, vive. Se faisant homme, son Fils épouse la condition de l'homme perdu pour l'arracher à sa perte et le sauver.

Plutôt que d'entamer une discussion avec Dieu, il faut

le voir nous donner son Fils et voir son Fils se rendre semblable à nous pour nous prendre dans sa Vie. Le Fils n'est pas venu pour juger et condamner, mais pour sauver. Le regarder, crucifié et ressuscité, et croire, c'est échapper à la mort et entrer dans la Vie.

Reste la question : pourquoi arrive-t-il donc que l'homme refuse que la Vérité, l'Amour, la Vie fassent leur œuvre en lui ? « Le jugement, le voici : la lumière est venue dans le monde et les hommes ont préféré l'obscurité, parce que leurs œuvres sont mauvaises » (Jean 3, 19). Ce jugement, nul, sinon le Christ lui-même, n'a le droit de le porter. Pourquoi ? Par pudeur, par crainte d'offenser, par pédagogie ? Absolument pas. Mais parce que ce serait prétendre faire advenir l'instant de Vérité – le Jugement dernier – où une vie est transpercée par l'éclair de la lumière de Dieu.

Jésus espère et attend

On ne peut qu'inviter son frère, si Dieu inspire les mots, à faire la vérité dans sa vie pour s'ouvrir à la lumière, l'engager à avancer, à aimer, à croire en l'Amour. Il est impossible d'espérer pour lui autant que le Christ, qui a donné sa vie pour lui. Alors, au nom de qui ou de quoi condamnerait-on ce frère en désespérant de lui ?

Jésus attend que ce cœur s'ouvre, que cette intelligence se laisse éclairer et que cet être humain découvre que ses « œuvres mauvaises » l'empêchent de reconnaître l'amour de Dieu. Cet aveu ne fait pas ployer sous la culpabilité, mais discerner l'amour alors qu'on n'aime pas ou que l'on est habité par la haine. Celui qui détruisait son prochain, ou, en tout cas, se détruisait lui-même, découvre la splendeur du bien : révélation de la grandeur de l'existence humaine et de sa liberté par celui qui cédait à la fascination de ses idoles (volonté de puissance, désir d'argent, sexe, drogue, etc.).

Quand enfin il « voit » le Fils de l'Homme, il ne désespère plus de son impuissance, puisque « Dieu a tant aimé le monde qu'il a donné son Fils unique..., non pour condamner, mais pour que les hommes soient sauvés par lui ». Qui reconnaît en Jésus le Christ et croise son regard devient capable de dire : « Seigneur, prends pitié de moi. » Alors la porte s'entrouvre sur la Lumière.

7

Discerner l'invisible dans le visible

L'exemple étonnant du serpent d'airain pose la question du rapport entre les signes et leur signification. Le serpent – image d'un mal terrifiant, symbole de la perte de l'homme depuis la Chute – représente maintenant la source du Salut. Qui ne connaît pas l'histoire du peuple de Dieu ou n'y verrait pas le mystère du dessein divin et de la liberté humaine se dira peut-être que ces gens divaguent : voilà que, de la figure la plus irrécusable du malheur qui les frappe, ils attendent la guérison !

Que voir dans la Croix du Christ ?

Pour expliquer sa propre mission, Jésus prophétise qu'il sera « élevé de terre » – Messie crucifié, Christ glorifié, source de salut pour tous ceux qui le regardent et reçoivent la vie éternelle en reconnaissant sur la Croix le Fils de Dieu partageant leur condition pécheresse et mortelle.

Ceux qui voient le Christ en train de mourir honteusement et cruellement se moquent de lui ou pleurent sur lui, le regrettent, ont peur… Mais ils ne voient qu'une victime innocente de la méchanceté dans la sombre histoire des hommes qui s'entretuent – bref, la figure de leur propre échec et de leur mort.

La déception des disciples d'Emmaüs se comprend ainsi. Comment le malheur peut-il devenir la source du bonheur ? La compassion devant le Crucifié comme devant toute souffrance humaine suffit-elle à constituer une raison de vivre ? Les chrétiens ne sont-ils que des gens prompts à s'apitoyer sur les autres, en attendant de se lamenter sur eux-mêmes ? Non. Il faut voir en Jésus mort bien plus que le cadavre d'un juste, mais bel et bien l'offrande du Fils éternel pour sauver l'homme qui court à sa perte.

Dans ce qui est visible, il faut voir l'invisible, discerner la signification véritable de ce qui est non seulement manifesté mais encore sacerdotalement accompli, percevoir la lumière de Dieu qui, sous la figure de l'échec ignominieux, met au jour la puissance de l'Amour. Cette inversion du sens immédiat des signes suggère à quel point les apparences sont trompeuses pour l'homme voué à la mort : il ne voit d'abord qu'elles, sans pouvoir croire à la Vie.

Révélé aux nouveau-nés

À quelle condition est-il cependant possible de reconnaître ce qui est en jeu dans la Passion du Christ ? Jésus nous met sur la voie lorsqu'il prie à voix haute quand les soixante-douze disciples reviennent de mission (Luc 10, 21 et suivants).

« Je voyais Satan tomber du ciel comme l'éclair », leur dit-il. Et à l'instant même il exulte sous l'action de l'Esprit Saint : « Je te bénis, Père, Seigneur du ciel et de la terre, d'avoir caché cela aux sages et aux intelligents, et de l'avoir révélé aux nouveau-nés. » Puis, se tournant vers ses disciples, il leur confie : « Heureux les yeux qui voient ce que vous voyez ! Car, je vous le déclare, beaucoup de prophètes, beaucoup de rois ont voulu voir ce que vous voyez et ne l'ont pas vu, entendre ce que vous entendez et ne l'ont pas entendu. »

Le Christ nous livre ici un secret, déjà confié à Nicodème : pour voir ce que les disciples voient, pour entendre ce qu'ils entendent, il faut être « nouveau-né », c'est-à-dire non pas nourrisson, mais né à nouveau. Et Jésus se réjouit de ce fruit de la grâce alors même qu'il constate l'aveuglement de l'esprit humain. Renaître d'En-Haut, être refaçonné par Dieu, c'est accepter d'être replongé en quelque sorte dans le sein maternel de l'amour puissant de Dieu, pour devenir temple de l'Esprit Saint, enfant du Père, créature nouvelle dans le Fils unique.

Le disciple voit l'invisible – ou plutôt, il voit dans le visible la réalité cachée sur laquelle les yeux des hommes demeurent fermés.

Jésus se cache

Jésus nous montre encore pourquoi et comment s'opère cette inversion des signes, cette communication de la lumière. Relevons-en deux exemples.

Après l'épisode de la femme adultère, le Christ se déclare la lumière du monde et explique quelle est la véritable postérité d'Abraham. Ses auditeurs sont choqués et veulent lui lancer des pierres. Alors, « il se dérobe ». (C'est tout le chapitre 8 de l'Évangile selon saint Jean.)

De même, juste avant la Passion, une menace de mort pèse sur Jésus. Il le dit lui-même : « Quand j'aurai été élevé de terre, j'attirerai tous les hommes. » La foule ne comprend pas. Il ajoute : « La lumière est encore parmi vous pour peu de temps... Pendant que vous avez la lumière, croyez en la lumière pour devenir des fils de la lumière. » Après leur avoir ainsi parlé, note l'évangéliste, « Jésus se retira et se cacha d'eux » (Jean 12, 3...36). Pour quelle raison ? Il s'efforce de fuir tout malentendu sur ce qu'il est en train d'accomplir.

C'est pourquoi le projet d'une communication immédiate, transparente – selon l'idéal naïf du système médiatique et publicitaire qui est le nôtre – se trouve ainsi, et bien à l'avance, pris à contre-pied dans l'Évangile.

8

N'en parler à personne ?

Jésus proclame, crie sur les places l'avènement du Règne de Dieu, la Bonne Nouvelle du mystère du Salut. Mais, à plusieurs reprises, le Seigneur agit à l'inverse. Les exégètes ont attribué ce comportement à ce qu'ils ont nommé le « secret messianique ». Comment comprendre cette apparente contradiction ?

Après trois miracles, ne rien dire !

Par exemple, à trois reprises, après des miracles que rapporte notamment saint Marc au début de son Évangile, Jésus a une réaction déconcertante.

D'abord face à un lépreux qu'il guérit (1, 40-44). Dans la Bible, la lèpre est beaucoup plus qu'une maladie : elle est le signe de la mort. On ne s'en débarrasse pas, car on ne peut être purifié que par Dieu, le Maître de la Vie, seul capable de ressusciter des morts vivants. Le lépreux s'approche donc de Jésus – ce qui est déjà surprenant – et lui dit : « Si tu veux, tu peux me purifier. » Le Christ, saisi de compassion, étend la main et le touche – ce qui est encore plus étonnant. Alors qu'il devrait devenir impur au contact de ce lépreux, c'est l'inverse qui se produit : « Je le veux, sois purifié. » Par ce geste et cette parole d'une puissance divine, la lèpre quitte cet homme.

Et voilà que Jésus lui parle sévèrement : « Garde-toi de rien dire à personne. Va te montrer aux prêtres et offre pour ta purification ce que Moïse a prescrit : ils auront là un témoignage » – la preuve qu'il se passe quelque chose en Israël, car ce miracle inouï est le signe que Dieu agit.

Pourquoi donc Jésus interdit-il de divulguer ce miracle que le lépreux lui a comme arraché en éveillant sa compassion ? Cette interdiction va contre toutes les règles de la communication !

Il y a ensuite la fille de Jaïre (5, 21-43). Elle est près de mourir. « Viens lui imposer les mains », supplie le père. Mais voici qu'on annonce que la fillette est morte. Cependant, Jésus dit à Jaïre : « Sois sans crainte, crois seulement. » Croire quoi ? Non pas qu'un miracle est possible, mais au moins que Dieu, source de la vie, est plus fort que la mort. À la maison du chef de la synagogue règne une grande agitation. Jésus ne laisse personne l'accompagner, sauf Pierre, Jacques et Jean. Il entre et dit : « L'enfant n'est pas morte, elle dort. » Seul avec les parents et les trois apôtres, il prend la main de l'enfant et lui ordonne : « *Talitha koum* – Fillette, je te l'ordonne, lève-toi. » Aussitôt elle se dresse et se met à marcher. Tous sont bouleversés. Or le Christ demande instamment que personne ne le sache.

C'est par les mains et sur la demande de Jésus

qu'éclate la puissance de Dieu. Et pourtant, il ne veut pas qu'on en parle. Pourquoi ?

Enfin, il y a le sourd-muet (7, 32-36). Le Seigneur le guérit mais exige le secret – en vain, d'ailleurs. De la part du Christ, ce n'est pas une astuce de propagande, un procédé publicitaire (stimuler en faisant semblant d'interdire). En vérité, il ne veut pas que l'on parle. Pourquoi ?

Jusqu'à ce que le Fils de l'Homme se relève d'entre les morts

Une situation identique, avec les seuls apôtres cette fois, se retrouve successivement à deux moments proches et importants de la vie de Jésus, en suivant toujours l'Évangile selon saint Marc. C'est très clair dans le récit de la profession de foi de Pierre à Césarée (8, 27-30) : « Tu es le Messie. » Jésus impose fermement aux apôtres de ne le répéter à personne. Il ne s'agit pas de cacher qu'il est le Messie, mais de ne *pas encore* parler de lui. À nouveau, après la Transfiguration, le Seigneur recommande à Pierre, Jacques et Jean de ne raconter à personne ce qu'ils ont vu, « jusqu'à ce que le Fils de l'Homme ressuscite d'entre les morts » (9, 9). Ils respectent cette consigne, tout en se demandant, note l'évangéliste, ce que signifie « ressusciter d'entre les morts ».

Cette phrase nous fait deviner le secret de ce refus de communication : pour permettre la pleine révélation de la Bonne Nouvelle.

L'annonce du Règne de Dieu

En effet, la prédication apostolique ne porte pas d'abord sur Jésus, mais sur l'avènement du Règne de Dieu (Matthieu 10, 7). Le Seigneur refuse que ses disciples parlent de sa personne ; il se présente comme l'annonceur, l'« Apôtre » du Père, celui que le Père a envoyé (cf. Jean 8, 42 ; 12, 44.49 ; 17, 8.23).

Le Christ entend s'effacer dans l'« opinion » des gens pour qu'ils soient totalement ouverts à la proclamation du Règne de Dieu, à la promesse du Père que lui-même accomplit. C'est pourquoi il inaugure son enseignement en disant : « Convertissez-vous, car le Règne des cieux s'est approché » (Matthieu 4, 17). Et il envoie ses disciples l'annoncer (*Ibid.* 10, 7). Avant qu'il leur donne la mission de proclamer son Nom (*Ibid.* 28, 19 ; Marc 16, 17 ; Luc 24, 47), il faudra que « le Fils de l'Homme » souffre sa Passion et « ressuscite d'entre les morts ».

9

Participer au combat de la Croix

Aux disciples qu'il envoie en avant de lui, Jésus demande d'annoncer le Règne de Dieu : c'est la mission du Fils jusqu'au jour où il sera « élevé de terre ». Le discours public que le Seigneur tient sur lui-même est concentré sur l'annonce de sa Passion : « Il faut que le Fils de l'Homme souffre, soit mis à mort et que le troisième jour il ressuscite » (Luc 9, 22).

Pourquoi le Christ fait-il un tel mystère de ce qu'il est ?

La question de l'apôtre Jude

C'est à Jésus lui-même, le soir de la Cène, que l'un des Douze, l'apôtre Jude, pose cette question : « Seigneur, comment se fait-il que tu aies à te manifester à nous, et non pas au monde ? » (Jean 14, 22).

Chez saint Jean, le mot « monde » a un sens particulier. Il ne désigne pas d'abord une foule de gens ni non plus tout l'univers. Mais il signifie la société des hommes en tant qu'elle est organisée en un ordre fermé sur lui-même, une structure imperméable à la Parole de Dieu. D'où le refrain johannique : « Le monde ne peut pas comprendre » (cf. 7, 7 ; 8, 23 ; 15,18-20 ; 16, 33 ; 17, 9.14 ; 1 Jean 2, 16 ; 5, 19).

À la brève question de Jude, Jésus répond longuement : « Si quelqu'un m'aime, il observera ma parole et mon Père l'aimera... Je vous ai parlé maintenant, avant l'événement, afin que, lorsqu'il arrivera, vous croyiez... Le Paraclet, l'Esprit Saint que le Père enverra en mon Nom, vous enseignera toutes choses et vous fera ressouvenir de tout ce que je vous ai dit... Désormais, je ne m'entretiendrai plus guère avec vous, car le Prince de ce monde vient. Certes, il n'a en moi aucune prise. Mais de la sorte le monde saura que j'aime mon Père » (Jean 14, 23...31).

Et la réponse : Passion et Résurrection révèlent pleinement qui est Jésus

Jésus manifeste ce qu'il est en délivrant l'homme prisonnier de son péché. Le Fils de Dieu fait chair prend sur lui la condition mortelle pour que l'homme ouvre son cœur à l'amour de Dieu. Comme le dira saint Paul, « celui qui n'avait pas connu le péché, Dieu l'a, pour nous, identifié au péché afin que, par lui, nous devenions justice de Dieu » (2 Corinthiens 5, 21). Il faut que le Christ ait d'abord accompli cet acte de délivrance pour que les hommes puissent recevoir sa révélation.

S'il interdit de parler de lui, ce n'est pas pour une raison pédagogique ni par crainte de malentendus possibles sur sa qualité de Messie. Ce n'est pas que tous les auditeurs auraient fatalement compris la venue du Fils de Dieu sur terre comme l'avènement temporel du Règne de Dieu, même si maintes générations ont par la suite cédé à cette tentation, hélas récurrente. Mais, pour que les hommes acceptent de s'ouvrir à plus grand qu'eux et se fassent dociles à l'Esprit de Dieu en devenant ses fils, il leur faut entrer dans ce mystère de mort et de vie, de délivrance et d'amour sans mesure que manifestent la Croix et la Résurrection du Christ. Jésus doit donc aller jusqu'au bout pour que ses disciples ne soient pas simplement séduits par ses paroles et ses miracles, mais soient eux-mêmes transformés, configurés à lui. Alors ils sauront parler de leur Seigneur, lui étant devenus semblables, animés par le même Esprit.

Témoigner du Christ ne consiste pas à donner une information à son sujet. C'est participer à un acte de délivrance. Seuls ceux qui en sont les bénéficiaires – les « délivrés » – peuvent laisser voir dans leur pauvre vie et malgré leur faiblesse le visage de Celui qui les délivre. Par le don de l'Esprit, ils attestent le don de Dieu au monde.

Jésus fait naître des fils et des filles de Dieu qui deviennent ses témoins. Il continue d'agir dans le cœur de ceux à qui cette Parole est destinée et qui la reçoivent. Comment ? En sa Passion, comme « Agneau de Dieu qui porte les péchés du monde » (Jean 1, 29), il accomplit ce qu'il avait annoncé : « Quand j'aurai été élevé de terre, j'attirerai à moi tous les hommes » (*Ibid.* 12, 32).

La Parole vivante de Dieu

Il nous faut bien comprendre que sa mort sur la Croix et sa Résurrection – et donc aussi la « communication » dont elles peuvent et doivent être l'objet – sont des événements qu'on ne peut anticiper, qui changent l'Histoire. On est bien loin de l'idée naïve de la recherche de slogans publicitaires où seules comptent l'immédiateté et la transparence. Quand on parle de Jésus Christ mort et ressuscité, au travers de mots plus ou moins bien choisis, c'est la Parole même de Dieu qui opère avec la puissance de l'Esprit Saint (1 Thessaloniciens 2, 13).

Celui qui annonce ce mystère de grâce et celui qui le reçoit participent au combat de la Croix dans l'espérance de sa victoire. « Vivante en effet est la Parole de Dieu, efficace et plus incisive qu'aucun glaive à double tranchant. Elle pénètre jusqu'à diviser… articulations et moelles. Elle passe au crible les mouvements et les pensées du cœur. Il n'est pas de créature qui échappe à sa vue. Tout est nu à ses yeux, tout est subjugué par son regard » (Hébreux 4, 12-13).

10

Le secret et le paradoxe de l'évangélisation

Le « secret messianique » – ne rien dire du Messie avant la Passion et la Résurrection – nous livre le secret de l'annonce de l'Évangile, de la Parole de Dieu qui se communique aux hommes. Jésus, Verbe du Père fait chair, agit aujourd'hui en nous et, par nos lèvres, dans le monde ; nous ne pouvons pas l'annoncer sans être, dans l'Esprit Saint, unis à sa mort et à sa victoire. Relisons la finale du chapitre 10 de l'Évangile selon saint Matthieu.

Jésus y invite ses disciples à le suivre jusqu'à participer à sa Passion, par la force de l'Esprit qu'il donne. Il leur dévoile jusqu'où va pour eux l'Évangile. Car « le disciple n'est pas au-dessus de son maître » (verset 24). Il sera persécuté comme le Seigneur l'a été. Jésus l'explique dès les premières missions des Douze et des disciples. L'avertissement vaut également pour les chrétiens de tous les temps, et donc d'aujourd'hui. Cette perspective ne semble guère réjouissante, et nous cherchons à nous y soustraire en nous disant que ces sombres prédictions visaient d'autres époques ou concernent d'autres que nous.

Comme le serpent, comme la colombe

« Voici que je vous envoie comme des brebis au milieu des loups. » Nous aurions plutôt envie de rendre coup pour coup, de faire peur aux « loups ». Mais Jésus nous recommande aussitôt : « Soyez sages comme des serpents et candides comme des colombes » (verset 16).

Plutôt que de ruser, il faut s'appuyer sur la Sagesse de Dieu, sur son dessein d'amour pour tous les hommes. Plutôt que de céder au réflexe de cogner le premier et le plus fort, il faut au contraire être comme Jésus, « serpent élevé de terre » qui donne à voir le Salut de Dieu. Il faut être candide comme la colombe : au temps de Noé, elle annonce la paix sur la terre de nouveau accueillante à la vie (Genèse 8, 11) et, au baptême de Jésus, elle manifeste la création nouvelle dans l'Esprit (Luc 3, 22).

« Prenez garde aux hommes, continue Jésus (selon Matthieu 10), ils vous livreront aux tribunaux... Vous serez traduits devant des gouverneurs et des rois à cause de moi » – comme lui-même sera déféré à Ponce Pilate. « Ils auront là un témoignage, eux et les païens » – car alors apparaîtra à la face de tous les peuples la puissance du Christ ressuscité (verset 18).

Nous ne sommes pas du tout dans le registre de la « communication » que rend efficace la force des mots et des images ajustés aux motivations des destinataires. La Bonne Nouvelle touche ce qu'il y a de meilleur en chacun, ce qui d'avance est prêt à accueillir l'amour de Dieu, mais démasque en même temps ce qu'il y a de pire, ce qui *a priori* le refuse et s'y refuse. Le sentiment de culpabilité que l'innocence éveille chez l'homme pécheur se traduit en agressivité souvent meurtrière :

« Faites taire ce gêneur qui vient nous faire la leçon » (cf. Sagesse 2, 12 et suivants). Et cette violence conduit à la configuration de l'évangélisateur au Chef du Salut (Hébreux 2, 10 ; 12, 2).

Disponibilité à Dieu

« Lorsqu'ils vous livreront, poursuit Jésus (toujours selon Matthieu 10), ne vous inquiétez pas de savoir comment parler ou que dire… Ce que vous aurez à dire vous sera donné à cette heure-là. » Faut-il donc ne rien préparer et livrer ses impressions les plus immédiates ? Que non ! Le Christ explique : « Car ce n'est pas vous qui parlerez, mais c'est l'Esprit de votre Père qui parlera en vous » (versets 19-20). C'est un rude travail de purification et de conversion que de vivre dans une totale disponibilité à Dieu, ainsi que le fait Jésus. Lorsqu'il nous demande d'être vigilants, il nous invite à nous préparer constamment à sa venue (cf. Luc 21, 29 et suivants).

Pendant sa Passion, le Christ ne parle pas comme nous le ferions sous le coup de la souffrance, de l'angoisse, etc. Il faut reprendre dans les Évangiles les paroles du Christ crucifié. Chacune d'elles brille comme un diamant précieux et le Fils unique la prononce dans l'Esprit Saint : « Père, pardonne-leur, ils ne savent pas ce qu'ils font » (Luc 23, 34).

Dans son discours à ses disciples (toujours selon Matthieu 10), le Seigneur nous prévient que nous serons dans la même situation. Il accentue le trait : « Le frère livrera son frère à la mort, le père son enfant ; les enfants se dresseront contre leurs parents et les feront condamner à mort » (verset 21). Dans cette rupture de tous les liens, plus rien ne compte, hormis la fidélité au Père des cieux et la docilité à l'Esprit. Pour résister spirituellement à cette épreuve d'une violence extrême, il faut être totalement disponible à la Parole de Dieu. Le mot français « témoin » traduit le grec « martyr ».

Ne pas se tromper d'enjeu

« Vous serez haïs à cause de mon Nom », continue Jésus (verset 22). Quel triomphe de la communication ! Cette ironie n'est pas de la provocation. Elle veut simplement nous éviter de nous tromper sur notre condition de disciples de Jésus et sur l'enjeu de la tâche que nous avons à accomplir. On ne vend pas le Royaume de Dieu comme des petits pains ! Le but n'est pas le même. Il ne s'agit pas de déclencher chez les gens une impulsion d'achat en leur suggérant qu'ils conforteront par là l'image qu'ils ont d'eux-mêmes. Il s'agit de se faire « serviteur de l'Évangile » (cf. Jean 15, 18 et suivants ; 2 Corinthiens 4, 12).

Il faut que les cœurs se mettent à aimer, à croire, à reconnaître ce qu'ils ne connaissent pas. Jésus dit encore dans ce discours rapporté en Matthieu 10 : « Rien n'est voilé qui ne sera dévoilé ; rien n'est secret qui ne sera connu » (verset 26). La communication, c'est Dieu lui-même qui l'opère en celui qui se fait le messager de la Bonne Nouvelle comme en celui qui la reçoit, parce qu'il démasque le mensonge pour faire apparaître la vérité. Quelle vérité ? La vérité de la vie des hommes avec leurs faiblesses et leurs grandeurs cachées, et la Vérité de l'amour de Dieu pour eux tous.

Sans crainte à l'heure de la Vérité

« Ne craignez pas ceux qui tuent le corps mais ne peuvent tuer l'âme… Soyez sans crainte : vous valez mieux que tous les moineaux. Quiconque se déclarera pour moi devant les hommes, je me déclarerai moi aussi pour lui devant mon Père qui est aux cieux. Mais quiconque me reniera devant les hommes, je le renierai aussi devant mon Père qui est aux cieux » (versets 28 et 31-33).

Dans le combat spirituel auquel nous sommes appelés, la communication s'achève au moment de cet ultime jugement : l'heure où amour et vérité se rencontrent pour *toutes* les vies humaines.

Envoi

Avant de s'engager sans crainte dans la mission et le combat spirituel du témoignage, ou plutôt d'y être envoyé, il vaut la peine de lire jusqu'au bout le chapitre 10 de l'Évangile selon saint Matthieu : « Qui vous accueille m'accueille et qui m'accueille accueille Celui qui m'a envoyé. Qui accueille un prophète en qualité de prophète recevra une récompense de prophète, et qui accueille un juste en qualité de juste recevra un salaire de juste. Et quiconque donnera à boire, ne fût-ce qu'un verre d'eau fraîche, à l'un de ces petits, en qualité de disciple, *Amen*, je vous le dis : il ne perdra pas sa récompense » (versets 40-42).

Que « gagnera » l'évangélisateur à prendre le risque d'annoncer l'Évangile ? De recevoir le même accueil que le Christ ! Non seulement parce qu'il est envoyé avec l'autorité de l'Envoyé lui-même (cf. Jean 20, 21), dont il est l'apôtre et comme l'ambassadeur (2 Corinthiens 5, 20). Mais parce que « le serviteur n'est pas plus grand que son Maître » (Jean 13, 16 et 15, 20). « Il suffit au disciple d'être comme son Maître. S'ils ont traité le

Maître de maison de Béelzéboul, combien plus le feront-ils pour les gens de sa maison ! » (Matthieu 10, 24-25).

Là se trouve la joie secrète de l'évangélisateur et sa béatitude : dans cette configuration personnelle au Christ, qui achève de retourner son propre cœur, en lui donnant de porter le témoignage de l'Esprit Saint (cf. Matthieu 10, 20). La Parole du Christ est promesse pour les messagers de la Bonne Nouvelle comme pour ceux à qui leur annonce s'adresse : « Quiconque donnera à boire, ne fût-ce qu'un verre d'eau fraîche, à l'un de ces petits, en qualité de disciple, *Amen*, je vous le dis : il ne perdra pas sa récompense. »

Table

II. « Le veau d'or est toujours debout »

Les formes permanentes
et contemporaines de l'idolâtrie

III. Le culte « dans l'Esprit et la Vérité »

Les sacrements de l'Église
pour le pardon libérateur

Composition et mise en pages : Facompo, Lisieux

Achevé d'imprimer sur Roto-Page le 4 octobre 2004
par l'Imprimerie Floch à Mayenne
pour le compte des Éditions Desclée de Brouwer
N° d'impression : 61213
Dépôt légal : octobre 2004

Imprimé en France

rororo

rororo sport Herausgegeben von Bernd Gottwald

Hans-Dieter Kempf / Andreas Strack

Krafttraining mit dem Thera-Band®

DIE BESTEN ÜBUNGEN

Mit Fotos von Horst Lichte

Rowohlt Taschenbuch Verlag

11. Auflage April 2013

Originalausgabe
Veröffentlicht im Rowohlt Taschenbuch Verlag,
Reinbek bei Hamburg, August 1999

Redaktion Thorsten Krause
Umschlaggestaltung Büro Hamburg, Susanne Reizlein
(Foto: Horst Lichte)
Thera-Band® ist ein eingetragenes Warenzeichen
Satz Apollo PostScript, QuarkXPress 3.31
Gesamtherstellung CPI – Clausen & Bosse, Leck
Printed in Germany
ISBN 978 3 499 19484 9

Dank

Wir möchten allen danken, die zum Entstehen dieses Buches beigetragen haben: der Firma Thera-Band GmbH für ihre Unterstützung, Astrid Lowis, Prof. Dr. med. Dr. paed. Siegfried Israel, Prof. Dr. Dieter Kruber und Alfred Schäfer für ihre fachlichen Hinweise und Textkorrekturen, Sven Höltje für seine gute Arbeit als Fotomodell, Horst Lichte, der unsere Übungen in bewährter Manier fotografiert hat, und last but not least unserem Herausgeber Bernd Gottwald und dem Lektor Thorsten Krause.

Hans-Dieter Kempf und *Andreas Strack*

Inhalt

Krafttraining mit dem Thera-Band

Vom Athleten der Antike bis zum Davidoff-Mann aus der Werbung in der Gegenwart steht ein muskulöser Körper als Sinnbild für Kraft, Leistungsfähigkeit und Stärke. Im Sprachgebrauch und im Alltag des Menschen wird der Begriff Kraft häufig benutzt. Die meisten Menschen bringen Kraft in ihrer höchsten Ausprägung mit «Muskelstärke» für sportliche Leistungen in Verbindung, zum Beispiel beim Gewichtheben.

Grundlagen der Muskelkraft

Kraft ist im physiologischen Sinne die Fähigkeit der Muskulatur, sich zusammenzuziehen und dadurch Zugspannung zu entwickeln. Damit ist sie in der Lage, einen Widerstand dynamisch zu überwinden, ihm nachzugeben oder ihn statisch zu halten. Ein gewisses Maß an Kraft ist für jeden Menschen wichtig, da er sich letztlich nur mit Hilfe seiner Muskulatur aufrecht halten und fortbewegen kann. In Alltagssituationen kommt es häufig zu Belastungen, die um ein vielfaches das Körpergewicht übersteigen. Allein beim Herabsteigen einer Treppenstufe wird das 1,5fache, beim Aussteigen aus Bussen bis zum 3,5fachen des Körpergewichtes von einem Bein abgefangen. Ausreichende Kraft hat aber nur eine Muskulatur, die beansprucht und trainiert wird. Früher führten körperlich anstrengende Berufe zu einer beiläufigen Kräftigung der Muskulatur. Im Zeitalter der Automatisierung dominieren überwiegend geistige Anforderungen, verbunden mit körperlicher Inaktivität. Bewegungsmangel reduziert die körperliche Leistungsfähigkeit und somit die Belastbarkeit. So können schon geringe Belastungen zur Überlastung führen, wenn Sie lange genug einwirken und die Toleranzgrenze übersteigen. Ein Teufelskreis beginnt, der nur durch konsequentes Training unterbrochen werden kann.

Prinzipien des Krafttrainings

Der Zuwachs an Muskelkraft ist die biologische Anpassung des Organismus an das Krafttraining und ist auf die bessere Bewältigung von zukünftigen ähnlichen Anforderungen gerichtet. Die naturgesetzlichen Wechselbeziehungen von organischer Form und Funktion sind die biologischen Grundlagen für das Training. Jedes Training führt nach einer Belastung aufgrund der Energieausschöpfung zu einer vorübergehenden Abnahme des Leistungsniveaus (Ermüdung). In der Erholungsphase regeneriert sich der Organismus, und das Ausgangsniveau wird wieder erreicht. Ist die Erholungsphase von optimaler Dauer, kommt es zu einer Erhöhung der Leistungsfähigkeit über das Ausgangsniveau hinaus (Mehrausgleich).

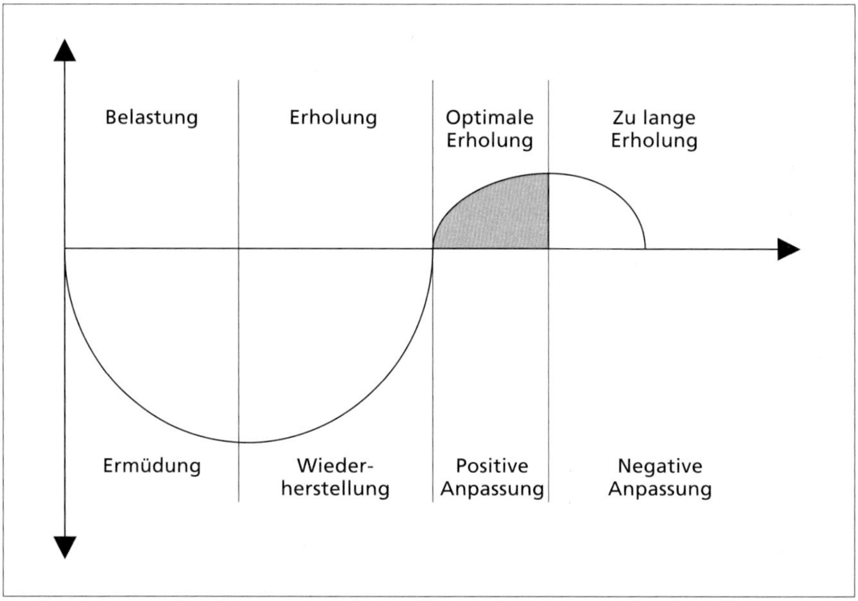

Leistungssteigerung durch biologische Anpassung. Das Grundprinzip jedes Trainings lautet: Belastung – Ermüdung – Erholung – Leistungssteigerung (schematische Darstellung)

Der optimale Wechsel zwischen Belastung und Erholung ist Voraussetzung für einen Leistungszuwachs des Organismus und für ein erfolgreiches Training. Ist die Erholungsphase zu lang, sinkt die Leistungsfähigkeit allmählich wieder auf das Ausgangsniveau ab. Trainieren Sie also zu selten, so können Sie im besten Fall Ihr Leistungsniveau halten. Eine kontinuierliche Verbesserung des Leistungsniveaus erzielen Sie, wenn in optimaler zeitlicher Abfolge am Punkt der höchsten Anpassung die nächste wirksame Trainingseinheit erfolgt. Folgen die Trainingsreize in der Phase der unvollständigen Erholung zu schnell hintereinander, kommt es zur Abnahme der sportlichen Leistungsfähigkeit bis hin zum Übertrainingsphänomen.

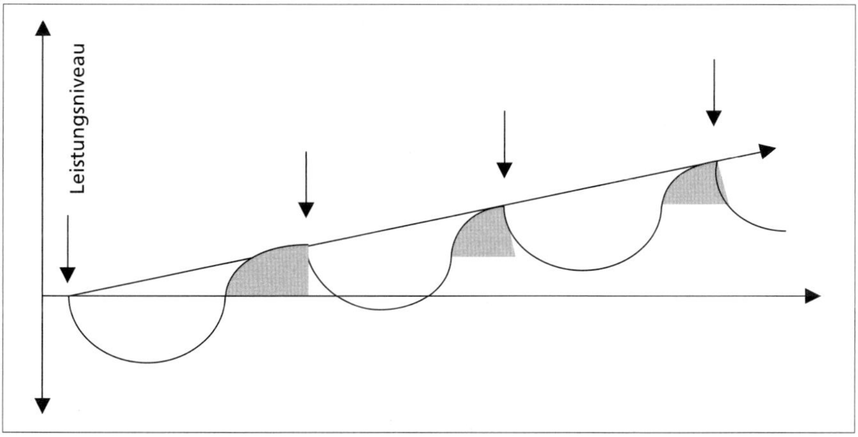

Kontinuierliche Verbesserung des Leistungsniveaus

Es wird deutlich, daß überschwellige Reize notwendig sind, um positive Anpassungserscheinungen und somit eine Leistungssteigerung hervorzurufen. Die Leistungsanforderungen (Belastungen) sollten im richtigen Verhältnis zum Leistungsvermögen (Belastbarkeit) stehen und sich mit zunehmendem Leistungsniveau steigern.

Die Trainingsprinzipien gelten sowohl für den Bereich der Rehabilitation als auch im fitnessorientierten Gesundheitssport und im Leistungssport. Während in der Rehabilitation der gezielte Wiederaufbau von Muskelmasse sowie der Aufbau eines normalen Kraftniveaus im Vordergrund stehen, zielt das sportartspezifische Krafttraining auf hohen und optimalen Krafteinsatz. In diesen Bereichen sollte das Training durch die Benutzung anderer Trainingsmittel (Kraftmaschine, Zugapparat, freie Hanteln) ergänzt werden.

Glücklicherweise erkennen immer mehr Menschen, daß gezieltes körperliches Training von elementarer Bedeutung für Gesundheit und Wohlbefinden ist. Außer den gesundheitlichen Vorteilen bietet das Krafttraining aber auch die Möglichkeit der Körperformung durch einen gezielten Muskelaufbau an den gewünschten Körperstellen, Gewebestraffung und Fettreduktion. Zur optimalen Beschwerdevorbeugung, als Strategie gegen den Alterungsprozeß und für ein attraktiveres Aussehen wird derzeit moderate Bewegung empfohlen, die wöchentlich ein 3mal 30minütiges aerobes Ausdauertraining sowie ein 3mal 20minütiges Krafttraining der wichtigsten Muskelgruppen umfaßt[(5)]*. Übungen zur Verbesserung der Beweglichkeit und der Koordination sorgen für ein vielseitiges Programm. Krafttraining ist «in» und längst nicht mehr nur Kraftsportlern vorbehalten, wie die hohe Anzahl von Fitness-Studios beweist. Jeder Mensch hat somit selbst die Möglichkeit, aus einem beschwerdeanfälligen, wenig belastbaren einen attraktiven, kräftigen, belastbaren Körper zu machen.

Eigenschaften des Thera-Bandes

Gerade das Training mit dem Thera-Band ist ein sehr wirkungsvoller Beitrag zur Steigerung der Leistungsfähigkeit aller wichtigen Muskelpartien. Das Thera-Band ist ein elastisches Trainingsband aus Naturlatex. Ihm liegt die Idee zugrunde, ohne den Einsatz aufwendiger Kraftmaschinen ein funktionelles Krafttraining durchzuführen. Das Training mit dem Thera-Band funktioniert nach einem einfachen, aber äußerst wirksamen Prinzip: dem Widerstand. Durch Material, Größe und verschiedene Widerstände bietet es Einsteigern (grünes Band) wie Spitzensportlern (silbernes/goldenes Band) einige hervorragende Möglichkeiten:

* Die hochgestellten Ziffern in diesem Buch verweisen die interessierten Leserinnen und Leser auf die Quelle oder auf weiterführende Literatur für das an der entsprechenden Stelle behandelte Thema und sind über das numerierte Literaturverzeichnis auf Seite 150 aufzulösen.

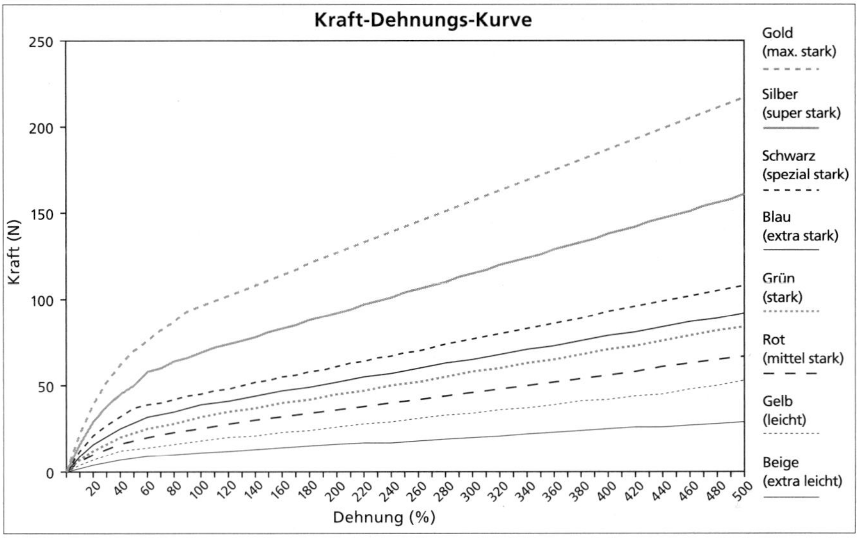

Der Widerstand ist abhängig von der Stärke des Bandes (Farbe) und der Dehnungslänge. Das Band ist in acht verschiedenen Farben von beige (extra leicht) bis gold (maximal schwer) erhältlich. Acht farbcodierte Widerstandsstufen (von beige bis gold) bieten eine optimale Individualisierung und Trainingsmotivation.

- Es hat optimale Dehnungseigenschaften mit einer fast linearen Widerstandsentwicklung. Dadurch ist ein angenehmerer Trainingsablauf gegeben, die Trainingskontrolle wird verbessert, und plötzlich auftretende Kraftspitzen werden vermieden.
- Es gibt kaum eine Muskelgruppe, die man nicht gezielt trainieren kann. Es ermöglicht neben dem Training von Einzelmuskeln in isoliert eingelenkigen Übungen vor allem das Training von ganzen Muskelschlingen in mehrgelenkigen Komplexbewegungen, was sich positiv auf die Koordination und den Ausgleich muskulärer Ungleichgewichte auswirkt.
- Bei entsprechender Vordehnung bewirkt das Band eine muskuläre Gelenksicherung und fördert die Bewegungskontrolle.
- Es ist kostengünstig, leicht und handlich und läßt sich deshalb mühelos überallhin transportieren. Viele Männer benutzen es deshalb auch im Urlaub oder auf Geschäftsreisen.
- Das Thera-Band läßt sich unabhängig von Leistungsstand und Alter ein-

setzen. Zusammen mit dem Zubehör bietet es eine enorme Vielseitigkeit und großen Abwechslungsreichtum.

- Das Thera-Band ist bei guter Pflege lange haltbar und sichert einen gleichbleibenden Widerstand auch bei längerer Nutzung.

Effekte des Krafttrainings

Im Gegensatz zur Ausdauer und Schnelligkeit ist Kraft eine «sichtbare» Komponente der Fitness. Einem Ausdauersportler sieht man seine enorme Ausdauerfähigkeit nicht unbedingt an. Dagegen wird einem athletisch muskulösen Menschen auch ohne objektive Messungen mehr Kraft zugesprochen als einem muskulös weniger ausgebildeten Menschen. Das trägt sicherlich dazu bei, daß das Krafttraining in der modernen, ästhetikorientierten Fitnessbewegung gegenüber anderen motorischen Fähigkeiten wie Ausdauer und Beweglichkeit bis heute eine dominierende Stellung einnimmt.

In der Sportwissenschaft und Sportmedizin wurde bis vor wenigen Jahren allerdings vorwiegend dem Ausdauertraining eine gesundheitsfördernde Wirkung zugesprochen. Heute weiß man jedoch, daß auch Krafttraining einen unverwechselbaren Wert für Gesundheit und Fitness besitzt. Kraft spielt eine wichtige Rolle für die Leistungsfähigkeit und Belastbarkeit des Bewegungsapparates. Eine kräftige Muskulatur sichert die Gelenke, schützt vor Verschleiß und mildert Beschwerden, die durch Abnutzung bedingt sind. Gezieltes Krafttraining wird damit zu einem Mittel der Prävention und der Rehabilitation zahlreicher orthopädischer Krankheitsbilder und Verletzungsmuster.

Neben den Motiven Wohlbefinden und Gesundheit sind vor allem die Verbesserung der körperlichen Attraktivität und des Aussehens Gründe, die die Menschen zum Training motivieren. Wenn Sie Ihren Körper formen wollen, sollten Sie sich allerdings realistische Ziele setzen, um nicht nach kurzer Zeit das Training wieder frustriert abzubrechen. Der erste Schritt zur Körperformung ist, die persönlichen Erbanlagen, den Körperbau, akzeptieren zu lernen. Ein leptosomer, eher hagerer Typ wird vermutlich nicht die athletische V-Form des Oberkörpers erreichen oder ein rundlicher, robuster Typ nicht den Waschbrettbauch des Modells auf den Titelseiten der Lifestyle-Magazine. Auch die Trainingsfortschritte sind aufgrund der genetischen Disposition unterschiedlich. So hat eine Person, deren Bizeps aus einer hohen Faseranzahl besteht, bessere Voraussetzungen, diesen Muskel durch ein auf Faserverdickung ausgerichtetes Training im Querschnitt zu vergrößern, als eine Person, deren Bizeps aus einer relativ geringen Faserzahl besteht[13]. Männer mit eher schmalen oder eher rundlichen Proportionen haben es hier im allgemeinen etwas schwerer. Messen Sie Ihre Fortschritte an sich selbst und nicht an denen anderer Männer oder an dem, was Ihnen Medien einzureden versuchen. Die positiven Effekte des Krafttrainings mit dem Thera-Band sind vielfältig.

Steigerung der Muskelkraft und Muskelausdauer
Bereits nach einigen Wochen werden Sie einen deutlichen Kraftgewinn spüren, der im weiteren Verlauf des Trainings von einer Querschnittszunahme der Muskulatur begleitet ist. Die Kraftzunahme ist um so größer, je weniger trainiert Sie sind. Sie kann bei Trainingseinsteigern in den ersten fünf bis sechs Trainingsmonaten nahezu 100 % betragen. Neben einem vergrößerten Muskelquerschnitt wird die Zunahme zum größten Teil auf eine verbesserte Koordination zurückgeführt.

Neben der Muskelkraft verbessern sich auch die lokalen Ausdauerqualitäten der Muskulatur. Eine vermehrte Kapillarisierung, eine Vergrößerung der Energiedepots, eine Vermehrung der biologischen Katalysatoren und eine Erhöhung des Wirkungsgrads ermöglichen eine schnellere Mobilisierung von Energiequellen und eine raschere energetische Wiederherstellung in der Erholungsphase[22].

Verbesserte Belastbarkeit des Bewegungsapparates
Eine schlechte Kondition der Muskulatur durch ungenügendes Training und muskuläre Ungleichgewichte wirkt sich negativ auf die Haltungsbalance aus. Durch eine ausgewogene Kräftigung des Muskelkorsetts tragen Sie zu einer Verbesserung Ihrer Haltung bei. Sie beugen damit gleichzeitig Haltungsschwächen vor, deren Ursache in muskulären Dysbalancen liegt, und können solche korrigieren. Gleichzeitig werden Sehnen, Bändern, Knorpel und Knochen fester und belastbarer, was vor Krankheiten des Bewegungsapparates schützt. Gezieltes Krafttraining ist in der Lage, degenerative Prozesse der Wirbelsäule positiv zu beeinflussen, arthrotische Degenerationen in den großen Gelenken zu verzögern und teilweise funktionell auszugleichen. Gleichzeitig steigert schon ein minimales Programm den Mineralgehalt des Knochens, auch bei Personen jenseits des

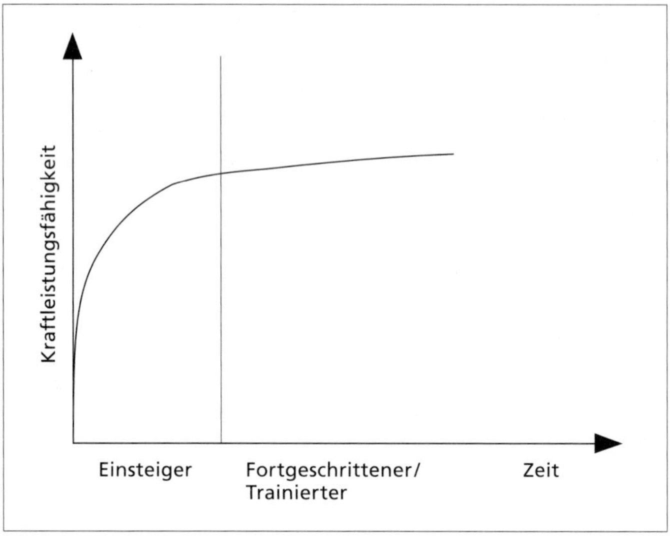

Mit zunehmendem Trainingsalter und mit steigendem Kraftniveau wird die Kraftzunahme deutlich geringer[11].

9. Lebensjahrzehnts[14,43]. Mit dem Muskeltraining können Sie die etwa ab dem 30. Lebensjahr einsetzende altersbedingte Abnahme der Muskelmasse und damit auch der Muskelkraft kompensieren.

Steigerung der sportartspezifischen Leistungsfähigkeit
Das Training mit dem Thera-Band kann Ihnen in vielen Sportarten als Grundlagen- und Ergänzungstraining dienen. Durch Üben sportartspezifischer Bewegungsabläufe hat es eine leistungssteigernde Funktion. In einseitig belastenden Sportarten beugt ein ausgleichendes Training wenig beanspruchter Muskelpartien Verletzungen und Überlastungen vor.

Zunahme an Muskelmasse und Reduzierung des Körperfettanteils
Körperliches Training führt vor allem am Trainingsbeginn oft zu einem Verlust an Körpergewicht, absoluter Fettmenge und relativem Fettanteil; umgekehrt kommt es zu einer Zunahme der fettfreien Masse, insbesondere durch Krafttraining[42]. Durch zielgerichtetes Training nehmen die Größe und die Anzahl der kontraktilen Elemente des Muskels zu. Aber erst bei konsequenter Fortführung des Krafttrainings ist eine sichtbare Zunahme des Muskelquerschnitts zu beobachten[13].

Die Muskeln sind die «Brennöfen für Fett» – je mehr Sie davon haben, desto höher ist der permanente Energie- und Kalorienverbrauch, sowohl im Training als auch in Ruhe. Während des Krafttrainings werden allerdings nur bei geringeren Belastungen (30 bis 50 Prozent der Maximalkraft) freie Fettsäuren zur Energiebereitstellung herangezogen[7]. Bei intensiverem Training ist es vielmehr die Regenerationsphase, in der vermehrt Fett als Energiequelle herangezogen wird[38,30]. Ist Ihr Trainingsziel überwiegend der Fettabbau, sollten Sie zusätzlich ein aerobes Ausdauerprogramm durchführen und sich kalorienreduziert ernähren. Sie reduzieren dadurch das Depotfett an allen Stellen, was zu einer zunehmenden Profilierung der Muskulatur führt.

Erhöhung der Streßtoleranz und Steigerung des Selbstwertgefühls
Durch regelmäßiges Training sehen Sie körperlichen und geistigen Anforderungen gelassen entgegen. Ihr Körper lernt körperliche Belastungen sowohl im Training als auch im Alltag besser einzuschätzen. Durch den Willen, regelmäßig zu trainieren, stärken Sie Ihr Durchhaltevermögen. Sie sind tagsüber leistungsfähiger und schlafen nachts besser. Sind Sie mit Ihrem Körper und sich selbst zufrieden, erhöhen sich automatisch Ihr Selbstwertgefühl und Ihr Wohlbefinden. Sie fühlen sich selbstbewußter in Ihrem Auftreten. Durch moderates Muskeltraining verändern sich nicht nur körperliche, sondern auch emotionale Faktoren zum Positiven.

Der Einstieg in ein regelmäßiges Training fällt oft schwer, ist aber leichter, als Sie denken, wenn Sie sich realistische Ziele setzen und Ihr Leben ein klein wenig umgestalten. Seien Sie generell aktiver und bauen Sie Teile des Trainings direkt in den Alltagsablauf ein – hierzu bietet das Thera-Band-Training optimale Voraussetzungen. Überwinden Sie den inneren Schweinehund und beginnen Sie noch heute mit einer sanften, aber effektiven und regelmäßigen Belastung!

Die eigene Fitness testen

Bevor Sie mit dem Training beginnen, sollten Sie Ihren aktuellen Fitnessgrad bestimmen. Der nachfolgende Fit-Test ist aus drei Gründen wichtig. Erstens erhalten Sie eine «ehrliche» Antwort auf die Frage «wie fit bin ich im Moment?». Zweitens erhalten Sie Hinweise für die Gestaltung und den Aufbau Ihres Trainings. Drittens können Sie die Ergebnisse des ersten Fit-Tests mit später wiederholten Tests vergleichen. Somit haben Sie selbst die Möglichkeit, Ihre Trainingsfortschritte zu überprüfen.

Sie sollten den Fitness-Test wie auch das Training nur durchführen, wenn Sie sich gut fühlen und gesund sind. Im Zweifelsfall fragen Sie Ihren Arzt um Rat.

Figur-Test

Berechnen Sie Ihren Body-Mass-Index (BMI)

Messen Sie Ihr Gewicht und berechnen Sie damit Ihren Körpermasse-Index BMI (englisch: Body-Mass-Index). Dividieren Sie dazu Ihr Gewicht durch Ihre Körpergröße zum Quadrat (Beispiel: BMI = 85 kg/1,85 m × 1,85 m = 24,8 kg/m^2). Der Body-Mass-Index zeigt Ihnen, unabhängig von Alter und Geschlecht, wie es mit Ihrem Gewicht steht. Der «ideale» Körpermasse-Index liegt bei Männern etwa bei BMI = 22[(4)].

BMI-Werte[(29,11)]		**Kommentar**
Untergewicht	< 20	Zuwenig, unter 18 extrem wenig
Normalgewicht	20–24,9	Gesundheitlich sicherer und optisch zufriedenstellender Bereich
Übergewicht	25–29,9	Leichtes Übergewicht, Gewichtsreduktion ist bei Ernährungsstörungen angesagt
Adipös (fettleibig)	30–39,9	Abnehmen ist anzuraten
Massiv, extrem adipös	40	

Es hat sich gezeigt, daß man trotz Übergewicht gesund und lange leben kann – vorausgesetzt, man hält sich fit. Körperliche Fitness gilt als bedeutender Schutzfaktor, der das Sterblichkeitsrisiko beträchtlich senkt. Gerade für Menschen, deren Übergewicht in erster Linie auf genetische

Ursachen zurückzuführen ist, spielt moderate Bewegung eine wichtige Rolle[5]. Allerdings sind schon bei leichtem Übergewicht (BMI: 25–29,9) Behandlungsmaßnahmen angezeigt, wenn übergewichtsbedingte Gesundheitsstörungen, ein stammbetontes Fettverteilungsmuster oder Erkrankungen vorliegen, die durch Übergewicht verschlimmert werden[40].

Wieviel Fett Sie am Körper tragen, verrät Ihnen der BMI-Index allerdings nicht.

Erfassen Sie das Fettverteilungsmuster (WHR)

Messen Sie im Stehen mit einem Maßband den Umfang der

- Taille in der Mitte zwischen Rippenbogen und Beckenkamm (etwa Nabelhöhe).
- Hüfte am Punkt des größten Umfangs bzw. in Höhe des großen Rollhügels am äußeren, oberen Ende des Oberschenkelknochens.

Berechnen Sie den Taille-Hüft-Quotienten WHR (englisch: Waist-Hip-Ration), d. h., indem Sie den Taillenumfang durch den Hüftumfang dividieren (Beispiel: WHR = 93 : 100 = 0,93). Der WHR sollte bei Männern unter 1,0 liegen[40]. Hohe Werte lassen eher auf ein zentrales, stammbetontes Fettverteilungsmuster schließen. Das Fett sitzt dann eher im Bereich des Bauchs und der oberen Körperregionen, was für den Mann typisch ist und gleichzeitig ein höheres Risiko für Herz-Kreislauf- und Stoffwechselerkrankungen darstellt.

Selbstverständlich können Sie die Messungen von Brust, Taille, Hüfte, Oberschenkel oder Oberarm auch zur Erfolgskontrolle Ihres Trainings heranziehen.

Betrachten Sie sich nackt im Spiegel

Auch die reine Betrachtung im Spiegel (bzw. eines Fotos von sich) vermittelt Ihnen ein gutes Bild von sich selbst. Die Beurteilung von vorne, von der Seite und von hinten gibt, trotz subjektiver Betrachtung, eine ziemlich realistische Einschätzung. Sie können dadurch Ihr Fettverteilungsmuster und Ihren Konstitutionstyp meist schon erkennen. Nur ein geringer Teil der Menschen läßt sich allerdings eindeutig einem Typus zuordnen. Meist liegen Mischformen vor.

Grobe Einteilung der Konstitutionstypen (hier Körperproportionen) nach Kretschmer[25]

Pyknischer Typ (zarte Knochen, gedrungen, starke Entwicklung von Brust und Bauchraum, Neigung zu Fettansatz):

- Fettansatz und runde Körperformen sind Hauptmerkmale
- Schulter so breit wie Becken oder etwas breiter
- Gleichmäßigere Gewichtsverteilung als bei den beiden anderen Typen
- Körperhaltung zwischen der des Leptosomen und des Athleten
- Gute Voraussetzungen für Kraft- und Ausdauerleistungen
- Gute Nährstoffaufnahme und langsame Verdauung führt leicht zu Gewichtszunahme

Trainingsschwerpunkte: Kraftausdauertraining, Abbau von Fettgewebe durch Ausdauersportarten

Leptosomer Typ (schmalwüchsig, dünngliedrig, asthenisch):

- Groß und schlank
- Becken breiter als Schultern
- Sehr bewegliche Gelenke
- Geringe Muskelentwicklung und schlechte Körperhaltung
- Geringe Stoffwechseleffektivität, dadurch Gewichtszunahme erschwert

Trainingsschwerpunkte: Kraftausdauer- und Muskelaufbautraining

Athletischer Typ (grobknochig, derb, kräftige Muskulatur):

- Eckiger, kräftiger und muskulöser Körperbau
- Schultern breiter als Becken
- Kompaktes Skelett- und Bindegewebe
- Leistungsfähigkeit der Muskulatur und des Kreislaufsystems ist sehr gut
- In der Regel gute Körperhaltung

- Normale Verdauung, Fettanlagerung bei Inaktivität und zuviel Essen eher in der Körpermitte (Bierbauch)

Trainingsschwerpunkte: Verbesserung der Beweglichkeit und der Koordination, Kräftigung

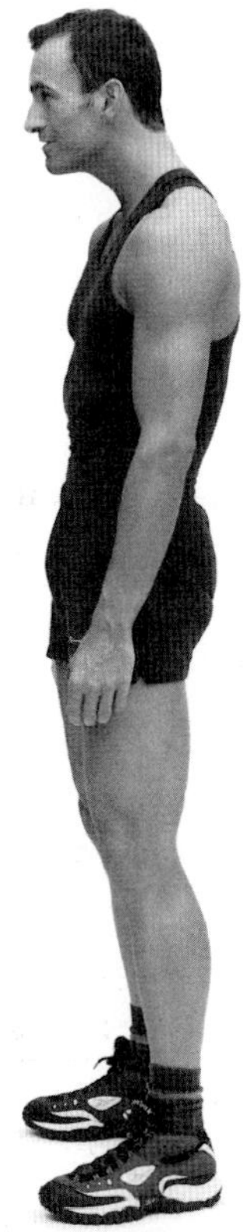

Beurteilen Sie Ihre Haltung, ohne sich jetzt extra aufzurichten oder den Bauch einzuziehen. Sind Ihre Knie durchgedrückt? Ist Ihre Hüfte nach vorne geschoben? Haben Sie ein Hohlkreuz? Hängen Ihre Schultern nach vorne? Ist Ihr Brustkorb eingesunken? Strecken Sie Ihren Kopf nach vorne? Stehen Sie eher nach vorne oder nach hinten geneigt? Sind Sie eher schlaff und gebückt?

Wenn Sie eine oder mehrere Fragen mit «Ja» beantworten, deutet das auf eine «schlechte» Haltung hin. Eine Kräftigung von Bauch, Rücken und vor allem dem Schultergürtelbereich erhöht den Muskeltonus und verbessert die Leistungsfähigkeit Ihres Muskelkorsetts, eine bessere Haltung ist die Belohnung.

Lassen Sie Ihren Körperfettanteil bestimmen

Es geht hier um die Frage, ob Sie relativ zu Ihrem Körpergewicht zuviel Fett haben, und nicht darum, ob Sie zuviel Gewicht haben (siehe BMI). In der Regel wird dazu z. B. im Fitness-Studio oder beim Arzt mit einer «Speckzange» die Hautfaltendicke gemessen (Caliper-Methode), das Gewebe «durchleuchtet» (Infrarotmessung) oder der Körperwiderstand bestimmt (Impedanzanalyse). Im Schnitt beträgt der Fettanteil des jungen Mannes 15 Prozent der Gesamtkörpermasse. Mit zunehmendem Lebensalter kommt es zu einer Vermehrung des Fettanteils, was auch auf eine Abnahme der körperlichen Aktivität ohne entsprechende Verminderung der Kalorienzufuhr zurückgeführt wird[44].

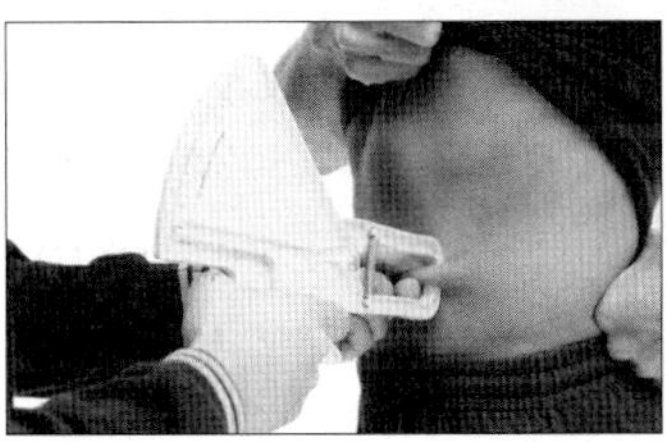

Alter	Empfohlene Bereiche für den Körperfettanteil zur Aufrechterhaltung lebenslanger Gesundheit[26]
20–29	10–14 %
30–39	14–18 %
40–49	17–21 %
50–59	20–22 %
60 und älter	20–22 %

Anhand Ihres Körperfettwertes können Sie sehen, ob Sie tatsächlich zuviel Fett an sich haben. Ein erhöhter Körperfettanteil steigert das Risiko für Herz-Kreislauf-Erkrankungen und Stoffwechselstörungen beträchtlich. Man nennt das verhängnisvolle Zusammenspiel von Übergewicht, Diabetes, überhöhtem Blutfettspiegel und Bluthochdruck auch «metabolisches Syndrom». Etwa acht bis zwölf Millionen Menschen sind in Deutschland davon betroffen[12].

Fitness-Test

Aktueller Gesundheitszustand (Basisdiagnose)

Sport ist in den meisten Fällen gesundheitsfördernd. Wenn allerdings Krankheiten oder Risikofaktoren vorliegen, kann er ein erhöhtes Risiko darstellen. Wenn Sie Trainingsanfänger oder Wiedereinsteiger sind, beantworten Sie folgende Fragen[2]:

- Sind Sie älter als 40 Jahre (Sportler) oder älter als 30 Jahre (Nichtsportler)?
- Waren Sie in letzter Zeit krank oder verletzt?
- Haben Sie Kreislaufbeschwerden?
- Haben Sie Atembeschwerden?
- Sind Sie übergewichtig?
- Haben Sie Bluthochdruck?
- Nehmen Sie Medikamente?

Ist eine dieser Fragen mit «Ja» zu beantworten oder ergeben sich Zweifel, empfehlen wir Ihnen, sich vor Beginn des Trainings von einem Arzt auf Sporttauglichkeit untersuchen zu lassen.

Alltägliche Anforderungen

Häufig erkennen Sie schon ganz grob an Ihren alltäglichen Belastungen, wie es mit Ihrem Fitnesszustand bestellt ist:

- Können Sie bei gleichmäßigem Tempo drei Stockwerke hochgehen, ohne anzuhalten und ohne völlig erschöpft zu sein (Test: Ausdauer und Beinmuskulatur)?
- Können Sie ein halbe Stunde zügig spazierengehen, ohne vollständig außer Atem zu sein (Test: Ausdauer)?
- Können Sie bei durchgedrückten Knien den Rumpf möglichst weit nach vorne beugen, so daß die Finger, oder besser die Handflächen, den Boden berühren (Test: Rumpfbeweglichkeit und Dehnfähigkeit Beinmuskulatur)?
- Können Sie mit geschlossenen Augen 15 Sekunden auf einem Bein stehen (Test: Koordination)?

Kraftausdauer wichtiger Muskelgruppen [10,16,24]

Wärmen Sie sich vor den Testübungen gut auf. Sie sollten während des Übens gleichmäßig atmen und die Übung korrekt bis zum Ende durchführen können. Um Leistungsveränderungen festzustellen, notieren Sie sich die Anzahl der Wiederholungen bzw. die Dauer der Haltezeit. Bei regelmäßigem Thera-Band-Training werden Sie schon nach kurzer Zeit Fortschritte feststellen.

Gesäßmuskulatur

Führen Sie im Unterarmstütz ein angewinkeltes Bein nach oben, bis Körper und Oberschenkel eine Linie bilden. Heben und senken Sie im Wechsel das Bein. Gut = 25–30 Wiederholungen.

Bauchmuskulatur

Unterlagern Sie die Lendenwirbelsäule. Ziehen Sie die Zehen heran und stemmen Sie die Fersen in den Boden. Ziehen Sie das Kinn heran, heben Sie den Kopf und schieben Sie die Arme möglichst weit nach vorne. Heben und senken Sie den Oberkörper, ohne daß Schulterblätter und Kopf den Boden berühren. Gut = 12–18 Wiederholungen.

Schulterblattmuskulatur

Stehen Sie rücklings zwei Fußlängen von der Wand entfernt. Legen Sie die Arme etwa um 30 Grad abgewinkelt an die Wand. Spannen Sie die Rumpfmuskulatur an und drücken Sie sich mit den abgewinkelten Ellbogen so von der Wand weg, daß sich die Schulterblätter von der Wand entfernen. Gut = 20–25 Wiederholungen.

Seitliche Rumpfmuskulatur und Gesäßmuskulatur (seitliche Rumpfstabilität)

Ziehen Sie im Seitstütz die Zehen heran, um die Fuß- und Kniegelenke zu stabilisieren. Stützen Sie sich aktiv aus der Schulter heraus ab und heben Sie die Hüfte an, bis der Körper eine Linie bildet. Gut = 15–20 Sekunden halten ohne Ausweichbewegung.

Rumpfmuskulatur
Spannen Sie im Unterarmstütz vorlings (Ellbogen unter Schultergelenk, Knie 10 cm hinter den Hüftgelenken) die Rumpfmuskulatur an und heben Sie beide Knie einen Zentimeter vom Boden ab. Gut = 15–20 Sekunden halten ohne Ausweichbewegung.

Hinweise zum Training

Egal ob Ihre Trainingsziele sport- oder eher gesundheitsorientiert sind, es geht in der Regel immer um die Erhaltung oder Verbesserung Ihrer Leistungsfähigkeit. Dies können Sie nur erreichen, wenn Sie beim Training einige Dinge beachten oder gar den Trainingsprozeß mittels einer Trainingsplanung steuern. Ziel ist es, den Trainingserfolg zu verbessern, Überlastungen (Übertraining), Verletzungen oder Schäden zu vermeiden und ein vielseitiges und abwechslungsreiches Training zu gewährleisten.

Optimale Trainingsgestaltung

- Lassen Sie es langsam angehen! Wenn Sie mit dem Training beginnen oder nach einer längeren Pause das Training wieder aufnehmen, nehmen Sie sich die ersten zwei bis vier Wochen Zeit zur Gewöhnung. Sie üben dabei mit etwas geringerer Intensität. Das hat den Vorteil, daß Sie den korrekten Bewegungsablauf erlernen, Ihre Koordination verbessern, einer Überbeanspruchung vorbeugen und Muskelkater vermeiden.
- Trainieren Sie optimal, nicht maximal! Für das gesundheits- und fitnessorientierte Krafttraining sind vor allem das Kraftausdauertraining und das Muskelaufbautraining die Methoden der Wahl. Die Kraftausdauer charakterisiert die Widerstandsfähigkeit der Muskulatur gegen die Ermüdung bei langen oder sich wiederholenden Kraftleistungen. Täglich ist ein Großteil der Skelettmuskulatur damit beschäftigt, den Körper in den unterschiedlichsten Haltungen zu stabilisieren oder zu bewegen. Aus diesem Grund ist die Kraftausdauer für den Menschen von zentraler Bedeutung.

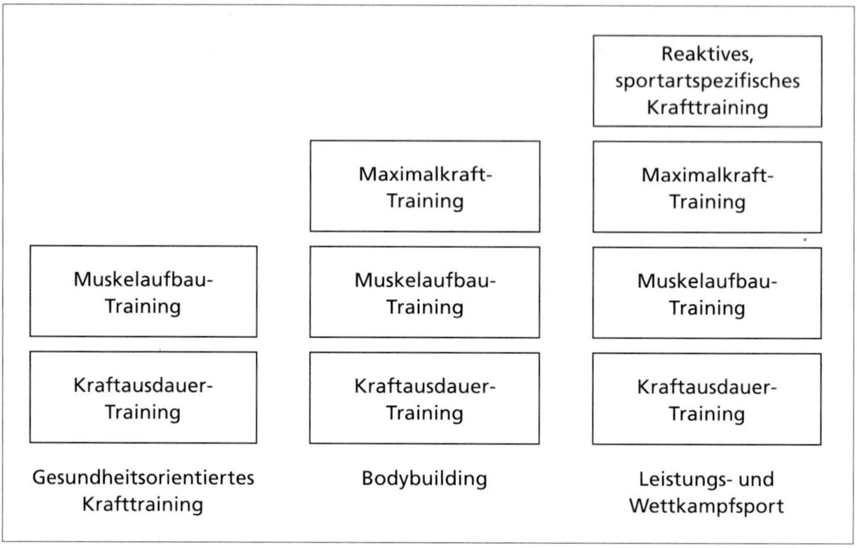

Anwendungsbereiche der Krafttrainingsmethoden im Überblick

Methoden mit höherem Krafteinsatz sind dem Leistungssport, dem Bodybuilding oder sehr gut trainierten Personen vorbehalten, da es durch die hohe Belastungsintensität leicht zu einer Überlastung und zu Verletzungen kommen kann. Betroffen ist hiervon vor allem das Binde-, Stütz- und Knorpelgewebe, bei dem im Vergleich zur Muskulatur die strukturelle und funktionelle Anpassung relativ langsam verläuft[(42)].

Ein gezieltes mehrwöchiges Kraftausdauertraining dient dem Einsteiger als Grundlage für belastungsintensivere Trainingsbelastungen. Wir empfehlen Ihnen im Anschluß daran ein Blocktraining, bei dem Sie alle drei bis vier Wochen zwischen Kraftausdauer- und Muskelaufbautraining wechseln.

Reihenfolge und Dauer der Krafttrainingsmethoden für Einsteiger

- Wählen Sie die für Sie optimale Trainingsintensität! Jede Belastung löst bei der belasteten Struktur eine spezifische Anpassung (Trainingseffekte) aus. Die *Trainingssteuerung* erfolgt deshalb über Anhaltspunkte wie die Belastungsintensität der Übung, die Anzahl der Wiederholungen bzw. die Dauer der Anspannung, die Anzahl der Serien und die Pausengestaltung.

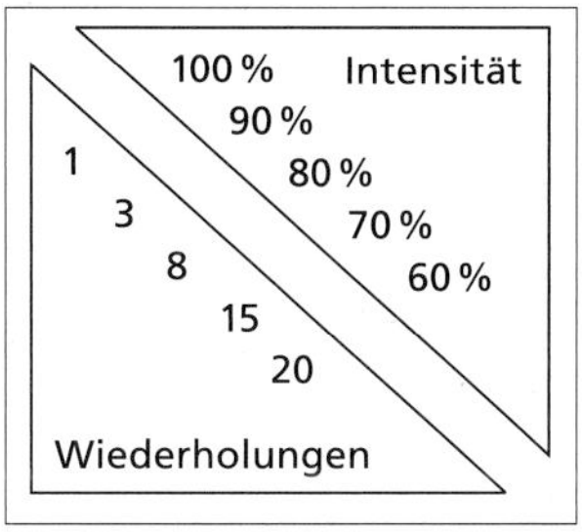

Je höher die Intensität, desto geringer sind die Wiederholungszahlen

Können Sie z. B. von einer Übung maximal 12 Wiederholungen korrekt durchführen, trainieren Sie etwa mit einer Intensität von 70 Prozent. Sie können die Intensität einer Übung selbst regulieren, indem Sie die Vorspannung des Bandes verändern, zu einem stärkeren/schwächeren Band wechseln oder eine schwierigere/leichtere Übungsvariante wählen.

Trainingsziel	**Verbesserung der Kraftausdauer**	**Aufbau von Muskelmasse**
Intensität	etwa 30–60 % der Maximalkraft	etwa 60–80 % der Maximalkraft
Wiederholungszahl pro Serie (Satz) – alternativ Dauer der Übungen	15–20mal und mehr, Dauer ca. 30–60 Sek.	8–15mal, Dauer ca. 20–30 Sek.
Serien (Sätze)	Anfänger: 2–3, Fortgeschrittene: 3–6	Anfänger: 1–2, Fortgeschrittene: 3–6
Pausenlänge	0,5 bis 3 Minuten (nach subjektivem Empfinden)	1 bis 5 Minuten (nach subjektivem Empfinden)
Trainingshäufigkeit	Mindestens 2 × pro Woche	Mindestens 1 × pro Woche
Trainingseffekte	• Verbesserung der Kraftausdauer • Muskelaufbau/Zunahme der Körpermasse (geringer) • Körperformung • Fettabbau (stärker)	• Verbesserung der Maximalkraft • Verbesserung der Kraftausdauer • Muskelaufbau/Zunahme der Körpermasse (stärker) • Körperformung • Fettabbau (geringer)

Belastungsdosierung im gesundheitsorientierten Fitness-Krafttraining im Überblick[1,28,29]

- Trainieren Sie «sanft»! Es hat sich gezeigt, daß durch ein sanftes Krafttraining, bei dem die einzelne Serie nicht bis zur Ausbelastung durchgeführt wird, insbesondere im Kraftausdauerbereich erhebliche Kraftzuwächse zu erzielen sind. Üben Sie als Trainingsanfänger deshalb so, daß Sie sich in der trainierten Muskulatur müde fühlen, beim Üben aber noch gleichmäßig atmen können und die Übung (Haltung) korrekt bis zum Ende durchführen können. Das hat auch den Vorteil, daß die Belastung für das Herz-Kreislauf-System durch mögliche Preßatmung sowie durch die Belastung für Sehnen, Bänder und Gelenke deutlich verringert ist[1]. Untersuchungen deuten auch darauf hin, daß bei Trainingsanfängern schon ein Satz intensiven Trainings pro Woche einen nennenswerten Erfolg zur Verbesserung der Muskelkraft bringt[6,13,20,28], was eine effizientere Ausnutzung der Trainingszeit darstellt.
- Gönnen Sie Ihrer Muskulatur Ruhepausen! Erst in der Erholungsphase, wenn sich die Muskulatur auf die nächste Belastung vorbereitet, gewinnt sie zusätzlich an Kraft. Je nach den individuellen Voraussetzungen, aber auch nach der Intensität und Dauer des Trainings kann in der Trainingspraxis die optimale Regenerationszeit variieren. Anfänger benötigen durchschnittlich zwei bis drei Tage, Fortgeschrittene einen bis zwei Tage und Leistungstrainierende einen halben bis einen Tag Trainingspause zwischen den Krafttrainingseinheiten. Ein Gespür für die Wahl der optimalen Regenerationszeit erhalten Sie nach einigen Monaten regelmäßigen Trainings. Nutzen Sie die krafttrainingsfreien Tage zum leichten Ausdauertraining (Walking, Jogging, Inline-Skating, Biking, Schwimmen usw.) oder zur Durchführung großer Sportspiele.
- Dosieren Sie die Belastung! Passen Sie die Belastung und Pausen Ihrem Trainingszustand bzw. Ihrer momentanen körperlichen Verfassung an. Gleichförmiges Training über längere Zeit sichert zwar den Erhalt, führt jedoch nicht zu einer Verbesserung der Leistungsfähigkeit. Dafür benötigt die Muskulatur neue Reize und eine allmähliche Belastungssteigerung. Ist das Ihr Ziel, empfehlen wir Ihnen, Ihr Trainingsprogramm nach etwa zwei bis vier Wochen umzustellen. Bevor Sie allerdings die Intensität verändern, sollten Sie zunächst die Trainingshäufigkeit erhöhen, die Satz- und Wiederholungszahl steigern, die Pausen verkürzen oder das Bewegungstempo erhöhen. Als Trainingsfortgeschrittener können Sie die Belastung erhöhen, indem Sie
  - im Satz bis zur vollen Erschöpfung der Muskulatur üben,
  - in der Endstellung die Spannung kurz halten (statische Anspannung),
  - ohne oder nur mit minimaler Pause trainieren, z. B. antagonistische

Muskeln hintereinander belasten (Supersatz) oder mehrere Sätze für eine Muskelgruppe durchführen (mit gleicher oder unterschiedlicher Übung).

- Beginnen Sie jede Trainingseinheit mit einem Aufwärmprogramm und beenden Sie das Programm mit bekannten Dehn- und Entspannungsübungen! Besonders nach einem Kraftausdauertraining benötigt die Muskulatur zum Stoffwechselaustausch eine gute Blutversorgung. Vor dem Dehnen empfiehlt sich deshalb ein kurzes Auslaufen oder Lockerungsübungen[8]. Trinken Sie während und nach dem Training viel Wasser. Dadurch werden in der Nachbrennphase, die über Stunden nach dem Training den Stoffwechsel anregt, vermehrt Fettreserven verbraucht.
- Trainieren Sie gleichwertig und ausgewogen! Körperbewegungen können nur dann fließend ablaufen, wenn ein optimales Zusammenspiel gegensätzlich arbeitender Muskeln gewährleistet ist. Ein Muskel, der an einem Gelenk eine bestimmte Bewegung ausführt, wird als Spieler (Agonist), ein Muskel mit entgegengesetzter Funktion als Gegenspieler (Antagonist) bezeichnet. In der Regel sind an einer Bewegung weitere Muskeln mit gleicher Funktion (Synergisten) beteiligt. Bei optimaler Abstimmung, auch intermuskuläre Koordination genannt, müssen die beteiligten Muskeln weniger Kraft aufbringen. Beim Training mit dem Thera-Band arbeitet neben der bewegenden Muskulatur in der Regel auch die synergistisch und antagonistisch wirkende Muskulatur, indem sie die einzelnen Gelenkachsen durch aktive Widerlagerung oder Gegenbewegung stabilisiert. Die freien Bewegungen beim Training mit dem Thera-Band stellen hohe Anforderungen an die Gleichgewichtsfähigkeit und sorgen somit in erhöhtem Maß für die Entwicklung der gleichgewichtserhaltenden Muskulatur. Einseitiges Training stört das Kräftegleichgewicht zwischen Agonist und Antagonist. Dies führt zur Beeinträchtigung der Gelenkstatik und Gelenkmechanik, zu Verletzungen der Muskulatur oder des Gelenkes und zur Veränderung der Gesamtstatik des Körpers. Haltungsfehler und -schäden sind häufige Folgen. Wählen Sie daher aus dem Übungsprogramm nicht nur Übungen, die Ihre «Lieblingsmuskeln» trainieren, sondern achten Sie auf ein ausgewogenes Training Ihrer Muskulatur. Das hat auch den Vorteil, daß Ihr Körper harmonischer proportioniert erscheint.
- Trainieren Sie erst die Rumpf- oder rumpfnahe Muskulatur, danach die Extremitätenmuskeln! Achten Sie auf eine ausreichende Ganzkörperstabilisation! Je mehr Sie in der Lage sind, Ihren Körper bei Extremitätenbewegungen zu stabilisieren, desto weniger ungünstige Ausweichbewegungen entstehen. Eine bessere Trainingswirkung und eine niedrigere

Belastung für die passiven Strukturen sind dann die Folge. Trainieren Sie lediglich einmal in der Woche, dann wählen Sie 8 bis 12 Einzelübungen aus allen Körperbereichen (Hauptmuskelgruppen) aus oder greifen Sie auf das Ganzkörperprogramm (siehe S. 138) zurück.

- Üben Sie an Stationen! Das Kreis- oder Zirkeltraining ist die am meisten verbreitete Organisationsform des Krafttrainings. Dabei werden ausgewählte Übungen so in Stationen eingeteilt, daß keine Muskelgruppe an zwei aufeinanderfolgenden Stationen trainiert wird. Sind alle Stationen durchlaufen, beginnt ein neuer Durchgang. Je nach Anzahl der Stationen, Ihrem Leistungsvermögen und der Ihnen zur Verfügung stehenden Zeit können Sie zwei bis drei Durchgänge absolvieren. Der Vorteil des Kreistrainings liegt im optimalen Verhältnis zwischen Trainingsquantität und Trainingseffekt.
- Splitten Sie Ihr Training! Trainieren Sie als Fortgeschrittener mehrmals pro Woche, so können Sie Ihr Training aufteilen. Dabei werden einzelne Hauptmuskelgruppen des Körpers an verschiedenen Tagen trainiert. Dies geschieht, um die Muskeln mit größerer Intensität trainieren zu können, ihnen ausreichend Ruhepausen zu geben und um die einzelne Trainingszeit nicht ausufern zu lassen. So können Sie z. B. Montag und Donnerstag alle Muskelgruppen, die mit einem B beginnen (Bauch, Beine, Bizeps und Brust), am Dienstag und Freitag Rücken, Schulter und Arme trainieren. Oder aber Sie trainieren in einer Trainingseinheit jeweils immer Agonist und Antagonist, z. B. Bauch und Rücken, Schulter und Brust ...

Umgang mit dem Thera-Band

Beim Training mit dem Thera-Band sollten Sie einige spezifische Hinweise beachten:

- Erfahrungsgemäß ist das grüne oder blaue Thera-Band für Männer am besten geeignet. Zum Muskelaufbautraining können Sie auch stärkere Bänder (z. B. schwarz, silber) verwenden. Wir empfehlen Ihnen eine Bandlänge von 200 bis 250 Zentimetern.
- Versuchen Sie Einrisse in das Band zu vermeiden. Tragen Sie keinen scharfkantigen Schmuck oder Turnschuhe mit starkem Sohlenprofil. Überprüfen Sie Ihr Thera-Band vor Übungsbeginn stets auf Risse und Löcher. Reinigen Sie Ihr Thera-Band nach Bedarf mit klarem Wasser und pudern Sie es mit Talkum ein. Lagern Sie das Band trocken und kühl.

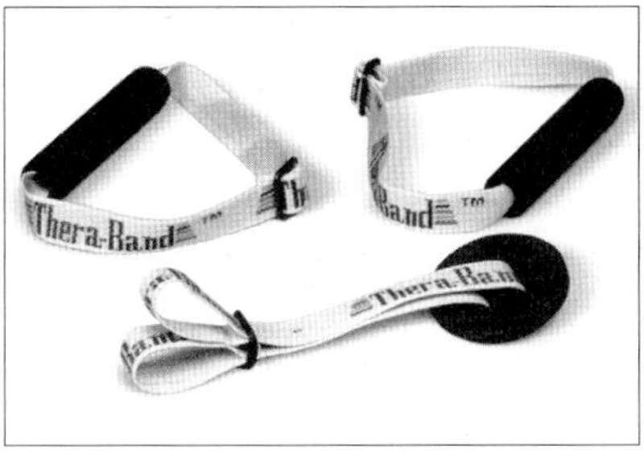

- Sollten Sie in einer Übung das Band als Schlinge benutzen, verknoten Sie zum Üben die Enden in benötigter Länge mit einem Doppelknoten. Sollten Sie das Latex-Material nicht direkt greifen wollen, z. B. aufgrund einer Allergie, helfen Ihnen die als Zubehör erhältlichen Griffe.

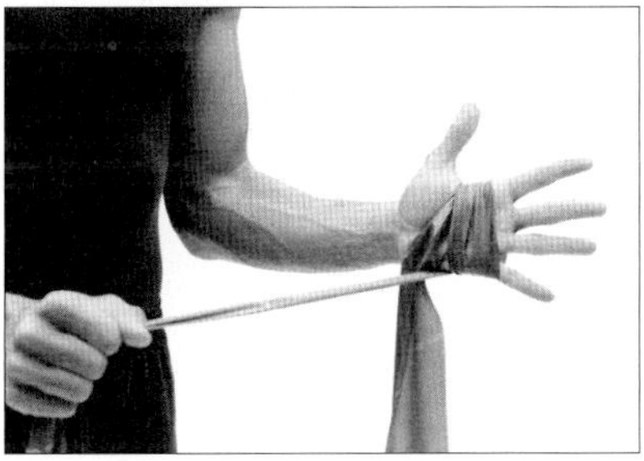

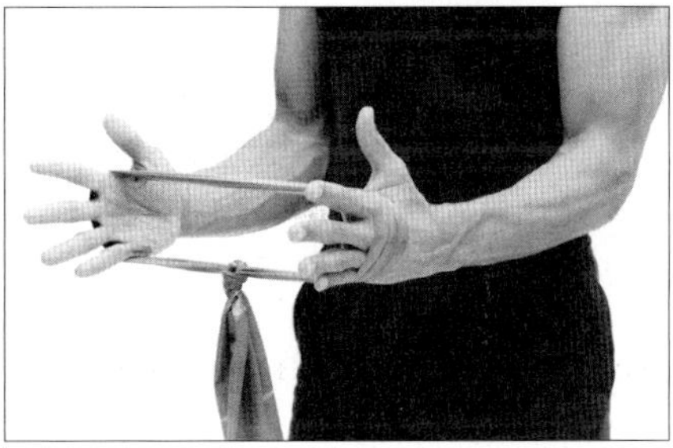

- Fixieren Sie das Band je nach Übung mit den Händen, den Füßen oder an feststehenden Gegenständen. Achten Sie dabei auf eine *sichere Befestigung* (Knoten, Schlingen).
- Wickeln Sie das Band so um die Hände, daß es allein durch die Zugspannung hält. Für das Üben hat das den Vorteil, daß Sie die im Alltag wenig beanspruchte Hand- und Fingerstreckmuskulatur trainieren.
- In der Ausgangsstellung sollte das Band bereits leicht vorgedehnt sein. Nutzen Sie das Band breitflächig, um schmerzhafte Druckstellen und Blutzirkulationsstörungen zu vermeiden.
- Achten Sie immer auf eine korrekte Übungsausführung – Qualität kommt vor Quantität. Führen Sie die Übungen zu Beginn vor einem Spiegel

durch. Sie können dadurch die Ausführung kontrollieren, sich besser auf die zu trainierende Muskulatur konzentrieren und so ein entsprechendes Bewegungsgefühl aufbauen. Einseitig beschriebene Übungen sollten Sie auch zur anderen Seite durchführen.

- Üben Sie langsam! Halten Sie die Muskelspannung während der gesamten Bewegung kontinuierlich aufrecht, vor allem an den Umkehrpunkten der Bewegungen. Führen Sie die Bewegungen im allgemeinen fließend und mit gleichmäßigem Tempo durch. Vermeiden Sie ruckhafte Bewegungen. Zu hoher Widerstand führt dazu, daß Sie mit Schwung arbeiten und die Bewegung nicht mehr korrekt ausführen. Je langsamer Sie die Bewegungen durchführen, desto intensiver wird der Muskel trainiert. Neben dem dynamischen Krafttraining können Sie Ihre Muskulatur auch durch statische Haltearbeit trainieren. Beide Formen des Krafttrainings haben Vor- und Nachteile. Dynamische Übungsformen lassen eine bessere Trainingssteuerung zu, sind motivierender, fördern die intermuskuläre Koordination und gehen mit einer besseren Durchblutung der Muskulatur einher. Sie bedürfen dafür aber auch eines höheren Korrekturaufwands. Statische Übungsformen sind meist einfacher durchzuführen und fördern durch die hohe Spannungsentwicklung den Muskelaufbau und die Wiederherstellung von Kraft. Nachteilig ist die Gefahr der Preßatmung und eines erhöhten Blutdruckanstiegs.
- Achten Sie immer auf eine gleichmäßige Atmung! Haben Sie das Gefühl, den Atem anzuhalten (Preßatmung), zählen Sie beim Üben leise jede Wiederholung. Bei Schmerzen, Kurzatmigkeit, Übelkeit oder hochrotem Kopf beenden Sie das Üben. Sollten Sie noch Übergewicht haben, so verzichten Sie zunächst auf alle federnden oder hüpfenden Bewegungen. Diese belasten am Anfang nur unnötig Ihre Gelenke.

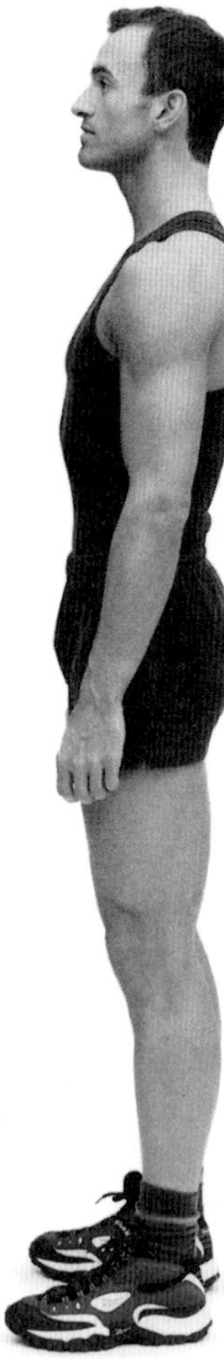

- Achten Sie bei den Übungen auf eine aufrechte Körperhaltung. Für Übungen im Stand gelten dabei folgende Haltungskriterien:
  - das Kinn ist leicht herangezogen, die Halswirbelsäule gestreckt,
  - die Schultern sind in Mittelstellung und liegen locker am Brustkorb,
  - der Brustkorb ist angehoben,
  - das Becken ist leicht nach vorne gekippt (physiologische Lendenlordose),
  - die Knie sind leicht gebeugt (nicht durchgedrückt),
  - die Beine sind leicht geöffnet, die ganze Fußsohle ist am Boden, das Körpergewicht ist mittig.

Die Übungen mit dem Thera-Band

Aufwärmen

Bringen Sie Ihren Körper zu Beginn des Trainings durch ein fünf- bis zehnminütiges Aufwärmprogramm in Schwung. Sie sorgen damit nicht nur für eine hinreichende Vorbeugung vor Verletzungen, sondern verbessern gleichzeitig auch die Leistungsbereitschaft des gesamten Organismus. Sie bereiten das Herz-Kreislauf-System, besonders aber die Muskulatur, die Bänder, die Sehnen und die Gelenkkapseln auf die kommenden Übungen vor.

Sehen Sie das Aufwärmprogramm als einen motivierenden Einstieg in Ihre Trainingseinheit an. Benutzen Sie zur Unterstützung eine anregende flotte Musik, die Ihnen gefällt.

Wenn Sie das Aufwärmen zeitlich auf 20 bis 30 Minuten ausdehnen, haben Sie schon einen Ausdauerteil mit positiven Effekten auf Ihr Herz-Kreislauf-System und befinden sich gleichzeitig in einem aeroben Trainingsbereich, in dem zur Energiebereitstellung vorwiegend auf Fette im Körper zurückgegriffen wird. Wählen Sie für das Aufwärmen eine mittlere Belastungsintensität. Sie sollten nicht außer Atem kommen, so daß eine Unterhaltung noch gut möglich wäre.

Aufwärmen

Übungsbeschreibung

1. Stellen Sie sich in Schrittstellung mit dem vorderen Fuß auf das Thera-Band.
2. Ziehen Sie wie beim Skilanglauf die Arme wechselseitig nach vorne und hinten.

Ergänzende Übungshinweise

- Üben Sie die Bewegung erst einige Male ohne Band, bevor Sie das Thera-Band einsetzen.
- Wählen Sie einen leichten Bandwiderstand.

Übungsbeschreibung

1. Stellen Sie sich hüftbreit auf das Thera-Band und umfassen Sie die Bandenden.
2. Beugen Sie Ihre Beine und ziehen Sie gleichzeitig die Arme seitlich nach oben.

Ergänzende Übungshinweise

- Üben Sie die Bewegung erst einige Male ohne Band, bevor Sie das Thera-Band einsetzen.
- Wählen Sie einen leichten Bandwiderstand.

Übungsbeschreibung

1. Fassen Sie im hüftbreiten Stand das Thera-Band über dem Kopf.
2. Beugen Sie die Beine und ziehen Sie dabei das Thera-Band hinter den Kopf.
3. Strecken Sie die Beine und die Arme nach oben.

Variation

– Wahrend des Bückens ziehen Sie die Arme über Ihrem Kopf auseinander.

Ergänzende Übungshinweise

– Üben Sie die Bewegung erst einige Male ohne Band, bevor Sie das Thera-Band einsetzen.
– Wählen Sie einen leichten Bandwiderstand.
– Halten Sie besonders bei der Variation Ihren Rücken gerade.

Aufwärmen

Übungsbeschreibung

1. Fixieren Sie das Thera-Band in Hüfthöhe an einer Tür o. ä. Legen Sie das Thera-Band um Ihre Hüfte.
2. Laufen (Joggen) Sie gegen den Widerstand des Bandes nach vorne und nach hinten.
3. Laufen (Joggen) Sie bei stärker gedehntem Band auf der Stelle.
4. Laufen (Joggen) Sie bei stärker gedehntem Band in verschiedene Richtungen.
5. Drehen Sie sich in dem Band.

Ergänzende Übungshinweise

- Laufen Sie langsam gegen den Widerstand des Thera-Bandes zurück und lassen Sie sich nicht «zurückschleudern».
- Sollten Sie häufiger gegen den Widerstand des Thera-Bandes laufen, verwenden Sie ein stärkeres Band (blau, schwarz, silber).
- Um die Gelenkbelastung zu reduzieren, laufen Sie auf Ihrem Vorfuß und geben federnd in Sprung-, Knie- und Hüftgelenk nach.

Übungsbeschreibung

1. Fixieren Sie das Thera-Band in Hüfthöhe und legen Sie es um Ihre Hüfte. Stabilisieren Sie Ihren Rumpf durch ausreichende Körperspannung.
2. Bewegen Sie sich in kleinen Nachstellschritten nach rechts und nach links. Halten Sie zusätzlich die Arme nach oben.

Variationen

- Laufen Sie in kleinen Schritten nach vorne. Setzen Sie die Füße abwechselnd schulterbreit rechts und links (außen – außen), danach wieder geschlossen rechts und links (innen – innen) auf.

Ergänzende Übungshinweise

- Nehmen Sie sich als Hilfsmittel eine gerade Linie.
- Sie schulen neben der Koordination auch die Kraftausdauerfähigkeit der Beinmuskulatur.

Aufwärmen

Übungsbeschreibung

1. Fixieren Sie das Thera-Band in Hüfthöhe und legen Sie es um Ihre Hüfte. Stabilisieren Sie Ihren Rumpf durch ausreichende Körperspannung.
2. Hüpfen Sie auf einem Bein gegen den Widerstand des Bandes auf der Stelle (nach vorne).
3. Hüpfen Sie seitlich gegen den Widerstand des Bandes auf der Stelle (zur Seite).

Variation

- Ziehen Sie die Schulterblätter nach hinten und gehen Sie in die Hocke. Hüpfen Sie gegen den Widerstand des Bandes (Skihüpfer).

Ergänzende Übungshinweise

- Wechseln Sie jeweils nach ca. 15 Sek. auf das andere Bein.
- Vermeiden Sie übermäßige Ermüdung, d. h., wenn Ihre Hüpffrequenz merklich nachläßt, beenden Sie die Übung.
- Achten Sie bei der Stellung Ihrer Beine darauf, daß die Kniescheiben in Richtung Zehen zeigen.
- Variieren Sie die Vorspannung des Thera-Bandes.
- Üben Sie ggf. auch auf einer weichen Unterlage.
- Sie schulen neben der Koordinationsfähigkeit gleichzeitig auch die Kraftausdauerleistungsfähigkeit der Beinmuskulatur.

Bauch- und Rückenmuskulatur

Welcher Mann wünscht sich nicht wenigstens insgeheim einen flachen, durchtrainierten «Waschbrett-Bauch»? Ein flacher, straffer Bauch vermittelt ein Bild umfassender Fitness.

Abgesehen von der ästhetischen Bedeutung haben die *Bauchmuskeln*, die den Bauchraum wie ein breiter Gürtel umspannen, eine Reihe wichtiger Aufgaben. Zusammen mit der *Rückenmuskulatur* sorgen sie für eine dynamische Stabilisierung der Wirbelsäule. Sie sind an nahezu allen Alltagsbewegungen beteiligt, gewährleisten eine aufrechte Haltung, schützen die inneren Organe, unterstützen die Atmung und entlasten die Wirbelsäule. Der gerade Bauchmuskel beugt die Wirbelsäule und wird dabei von den schrägen Bauchmuskeln unterstützt, die zusätzlich den Rumpf drehen.

Die tiefe Rückenmuskulatur wird in ihrer Gesamtheit als *Rückenstrecker* bezeichnet und nahezu vollständig von den Muskeln des Schultergürtels und dem breiten Rückenmuskel überdeckt. Sie besteht aus einer Reihe von kurzen, mittellangen und langen Muskelzügen, die beiderseits entlang der Wirbelsäule vom Becken bis zum Hals verlaufen. Die kurzen Muskeln, die benachbarte Wirbel miteinander verbinden, und die mittellangen Muskeln, die an mehreren Wirbeln vorbeiziehen, dienen zur Stabilisierung, zur Streckung, zur Seitneigung und Drehung und somit der kontrollierten Feinsteuerung einzelner Wirbelsäulenabschnitte. Der äußere Trakt der tiefen Rückenmuskulatur besteht aus längeren Muskelzügen und hat seine Funktion in der Erhaltung der physiologischen Wirbelsäulenform und in der Bewegung des Rückens, wie Streckung, Seitneigung und Drehung.

Nicht selten ist eine sogenannte muskuläre Dysbalance die Ursache für schlechte Haltung, fehlende Koordination, unzureichende Stabilisation oder Schmerzen. So kann ein hervorstehender Bauch die Folge einer zu schwachen Bauch- und Gesäßmuskulatur und einer stark zusammengezogenen, verkürzten Hüftbeuge- und unteren Rückenmuskulatur sein. Ein Ausgleich dieser muskulären Dysbalance durch Kräftigung der zu schwachen und Dehnung der zusammengezogenen Muskulatur führt zu einer verbesserten Beckenstellung mit dem Resultat, daß der Bauch flacher wirkt. So dient das Training der Bauch- und Rückenmuskulatur nicht nur der Schmerzprophylaxe, sondern führt über eine aufrechte Haltung mit ihren charakteristischen Merkmalen wie Beckenkippung, harmonischer Wirbelsäulenschwingung, flachem Bauch, angehobenem Brustkorb auch zu attraktivem Aussehen. Es wird deutlich, daß neben dem Training der Bauchmuskeln auch das der Rückenmuskeln eine wichtige Rolle spielt.

Der in Zeitschriften idealistisch dargestellte «Waschbrett-Bauch» ist auch bei intensivem Bauchmuskeltraining relativ selten. Selbst gut trainierte Bauchmuskeln werden häufig von dem unter der Haut gelegenen Fett überdeckt. Um dieses zu reduzieren, sollten die Bemühungen nicht nur in einem Training der Bauchmuskulatur liegen, sondern vor allem in einer Reduzierung des Depotfetts durch fettverbrennendes Ausdauertraining und eine ausgewogene bedarfsgerechte Ernährung.

Bauchmuskulatur

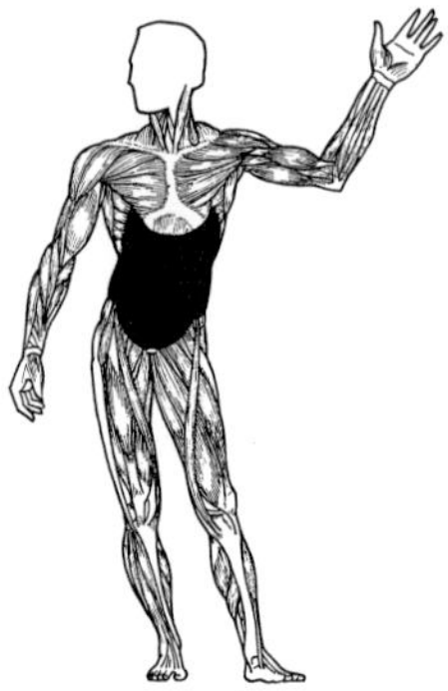

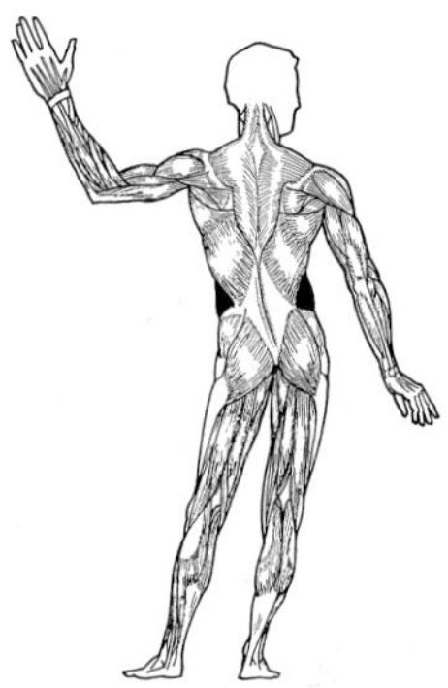

Übungsbeschreibung

1. Befestigen Sie das Thera-Band etwa 20 bis 30 Zentimeter über dem Boden an einer Tür o. ä. Legen Sie sich in Rückenlage davor.
2. Stemmen Sie die Fersen leicht in den Boden, ziehen Sie die Zehen heran und stellen Sie eine leichte Spannung des Thera-Bandes her.
3. Ziehen Sie das Thera-Band nach vorne. Heben Sie zusätzlich den Kopf und die Schultern leicht an. Führen Sie das Band anschließend wieder langsam zurück.

Variation

– Halten Sie das Band statisch über Ihrem Kopf. Bewegen Sie Ihren Kopf und Ihre Schultern nach oben (Crunches).
– Üben Sie die Crunches auf dem Fitnessball aus einer Vordehnung der Bauchmuskulatur.

Ergänzende Übungshinweise

– Halten Sie Ihren Kopf in Verlängerung der Wirbelsäule.
– Halten Sie die Endposition für einige Sekunden.
– Überkreuzen Sie die Beine und drücken Sie die Fußaußenseiten gegeneinander, um die Ausgangsstellung zu erschweren.
– Ihre Lendenwirbelsäule hat Kontakt zum Boden.

Trainierte Muskulatur

++ Gerade und quere Bauchmuskulatur
++ Schräge Bauchmuskulatur

Bauchmuskulatur

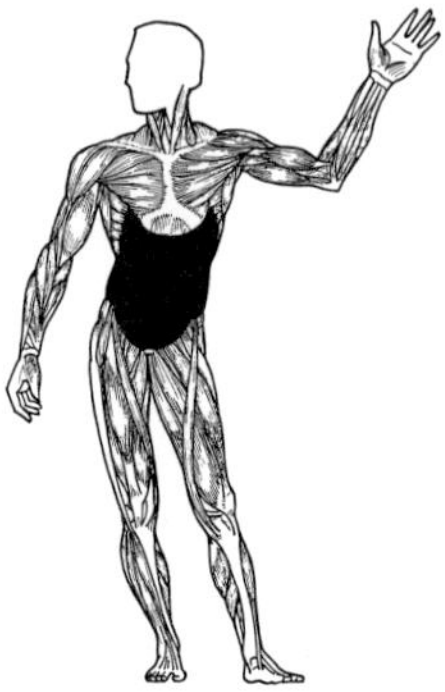

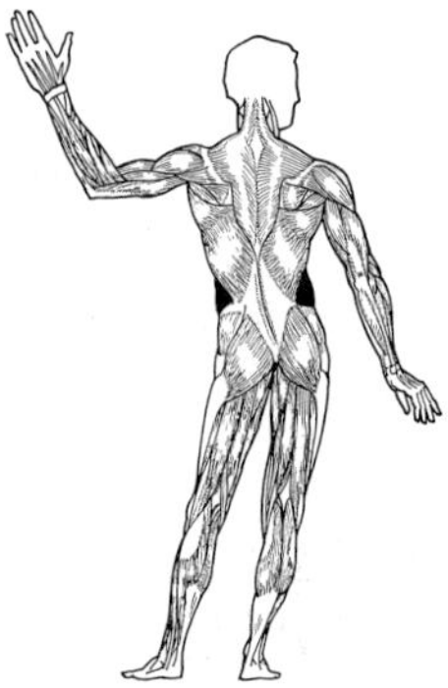

Übungsbeschreibung

1. Befestigen Sie das Thera-Band etwa 20 bis 30 Zentimeter über dem Boden an einer Tür o. ä. Legen Sie sich in Rückenlage davor.
2. Legen Sie den rechten Fuß auf das linke Knie.
3. Ziehen Sie das Thera-Band schräg nach vorne am rechten Knie vorbei. Heben Sie zusätzlich den Kopf und die Schultern leicht an. Führen Sie das Band anschließend wieder langsam zurück.

Variation

– Üben Sie die Crunches auf dem Fitnessball aus einer Vordehnung der Bauchmuskulatur.

Ergänzende Übungshinweise

– Halten Sie die Endposition für einige Sekunden.
– Halten Sie Ihren Kopf in Verlängerung Ihrer Wirbelsäule.

Trainierte Muskulatur

++ Schräge Bauchmuskulatur
++ Gerade und quere Bauchmuskulatur

Bauchmuskulatur

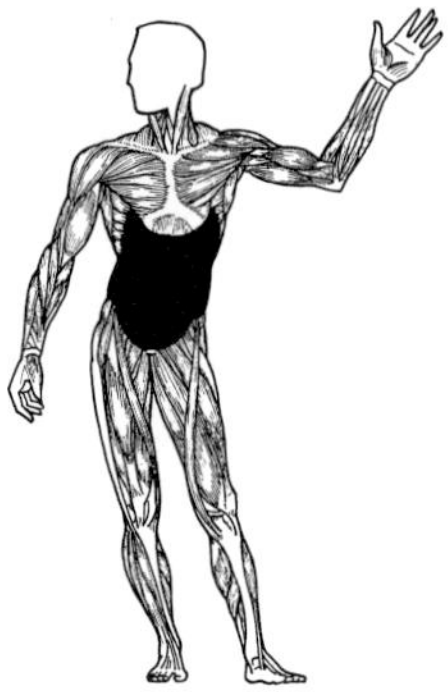

Übungsbeschreibung

1. In der Rückenlage mit zur Decke gestreckten Beinen legen Sie die Mitte des Thera-Bands flächig über die Füße.
2. Fassen Sie die Enden des Thera-Bands überkreuz und legen Sie Ihre Handrücken auf den Boden.
3. Drücken Sie die Füße gegen den Widerstand leicht nach außen.
4. Schieben Sie Ihre Fußsohlen abwechselnd Richtung Decke (Hüfte abwechselnd anheben).
5. Schieben Sie beide Fußsohlen Richtung Decke.

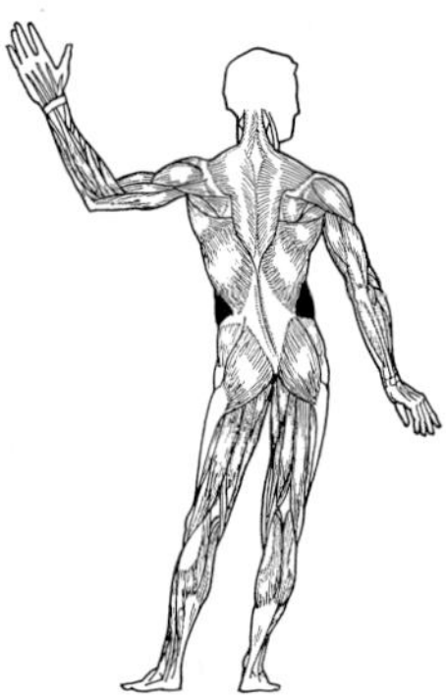

Ergänzende Übungshinweise

– Halten Sie das Becken für einige Sekunden in der Endposition. Lassen Sie es langsam absinken.
– Stellen Sie sich beim Heben des Beckens vor, Sie lassen Luft unter Ihr Gesäß strömen.

Trainierte Muskulatur

++ Gerade und quere Bauchmuskulatur
++ Schräge Bauchmuskulatur

Bauchmuskulatur

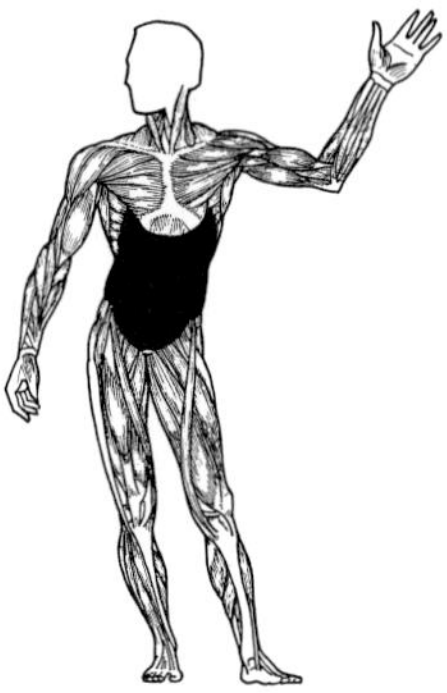

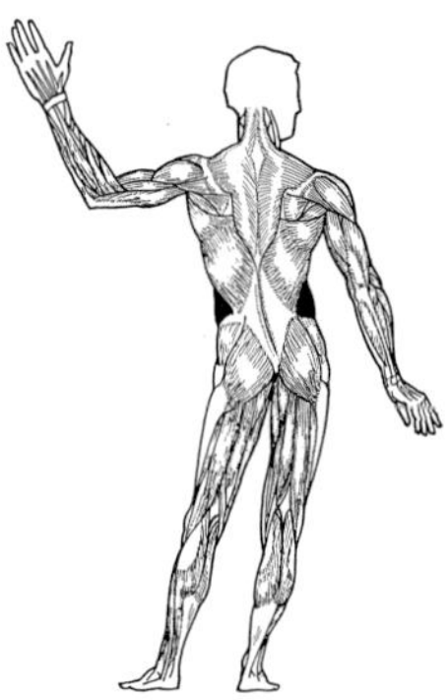

Übungsbeschreibung

1. In der Rückenlage beugen Sie die Oberschenkel zur Hüfte und die Unterschenkel zu den Oberschenkeln in einem Winkel von 90 Grad. Legen Sie die Mitte des Thera-Bands flächig um Ihre Knie.
2. Fassen Sie die Enden des Thera-Bands über Kreuz und legen Sie Ihre Handrücken auf die Unterlage.
3. Drücken Sie die Beine leicht nach außen.
4. Bewegen Sie Ihre Knie Richtung Decke.

Variation

– Heben Sie Ihr Becken von der Unterlage ab und bewegen Sie die Unterschenkel abwechselnd nach rechts und links.

Ergänzender Übungshinweis

– Es handelt sich um eine sehr anspruchsvolle Übung für trainierte Personen.

Trainierte Muskulatur

++ Gerade und quere Bauchmuskulatur

++ Schräge Bauchmuskulatur

Bauchmuskulatur

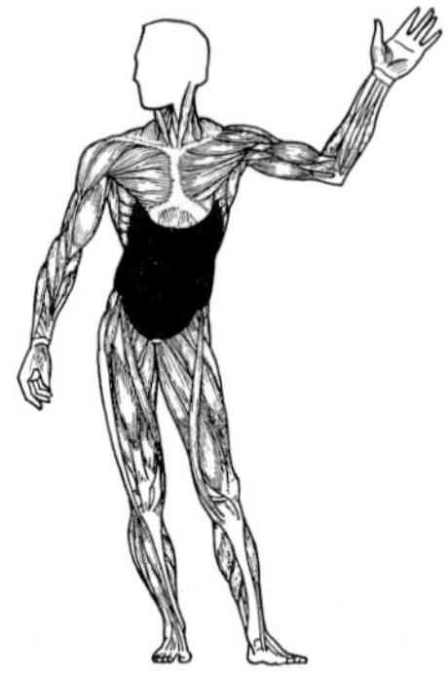

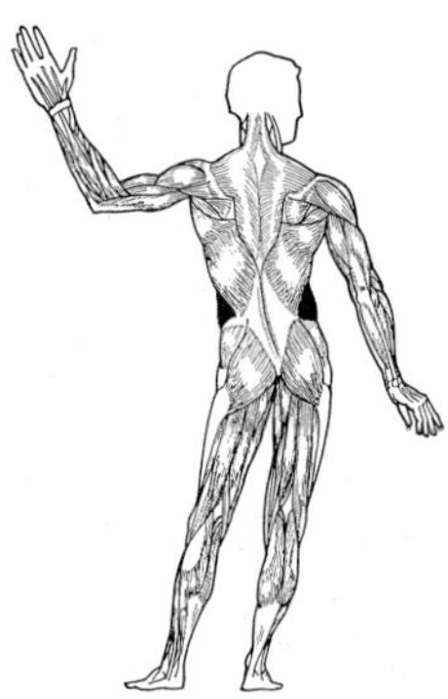

Übungsbeschreibung

1. Befestigen Sie das Thera-Band etwa eine Oberschenkellänge über dem Boden an einer Tür. Legen Sie sich senkrecht zum Thera-Band auf den Boden. Befestigen Sie das andere Ende des Thera-Bands oberhalb Ihrer Sprunggelenke.
2. Winkel Sie die Beine an. Drücken Sie die Handrücken in den Boden.
3. Drehen Sie die Unterschenkel nach außen.

Variation

– Fixieren Sie das Thera-Band an der Tür o. ä. etwa eine Beinlänge über dem Boden. Drehen Sie die gestreckten Beine um etwa 30 Grad zur Seite.

Ergänzende Übungshinweise

– Lassen Sie bei der ersten Übung das Becken am Boden.
– Zur Intensivierung können Sie den Kopf leicht anheben.
– Bei Knieproblemen fixieren Sie das Band möglichst direkt unterhalb des Kniegelenks.
– Ihre Lendenwirbelsäule hat immer Kontakt zum Boden.

Trainierte Muskulatur

++ Gerade und quere Bauchmuskulatur
++ Schräge Bauchmuskulatur
++ Viereckiger Lendenmuskel
\+ Rückenstreckmuskel

Bauchmuskulatur

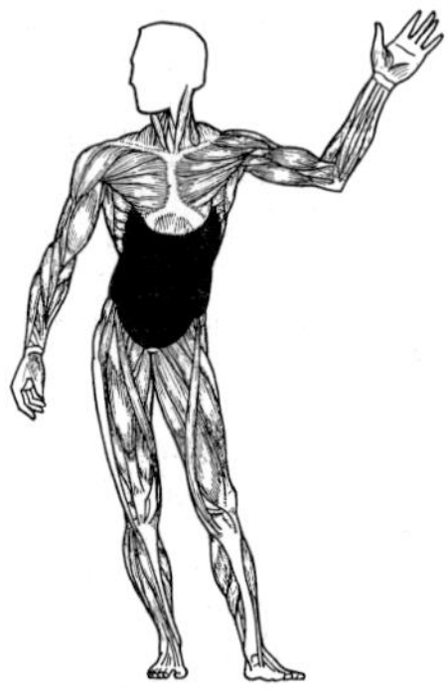

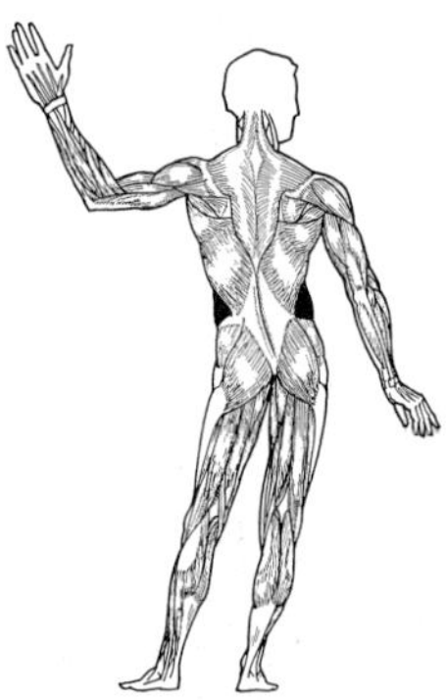

Übungsbeschreibung

1. Befestigen Sie das Thera-Band etwa auf Brusthöhe, z. B. an einer Tür o. ä. Sitzen Sie senkrecht zum Band und halten Sie es mit gestreckten Armen vor Ihrer Brust.
2. Drehen Sie den Oberkörper nach rechts und nach links.

Variation

– Führen Sie die Übung im Stehen durch.
– Fixieren Sie das Band oben an der Tür. Ziehen Sie das Thera-Band schräg nach unten bis zu Ihrem äußeren Knie. Schauen Sie dabei Ihren Händen nach.

Ergänzende Übungshinweise

– Die Hüfte bleibt in ihrer Position fixiert und macht dic Bcwcgung des Oberkörpers nicht mit.
– Durch kurzes Halten in der Endposition und langsames Zurückführen in die Ausgangsposition können Sie die Trainingsintensität steigern.
– Zusätzliche kleine Bewegungsausschläge in der Endposition führen zu einer besseren Stabilisierung.

Trainierte Muskulatur

++ Gerade und quere Bauchmuskulatur
++ Schräge Bauchmuskulatur
\+ Rückenstreckmuskulatur (rotatorisch wirkendes System)

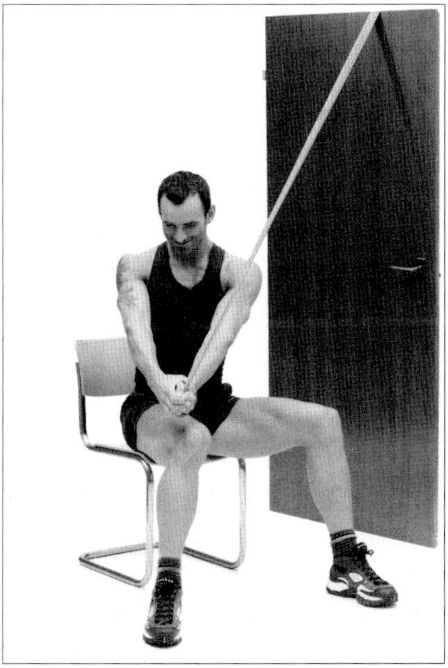

Bauchmuskulatur

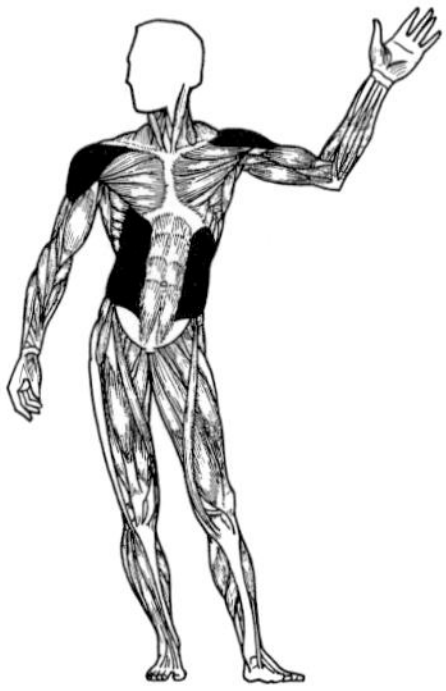

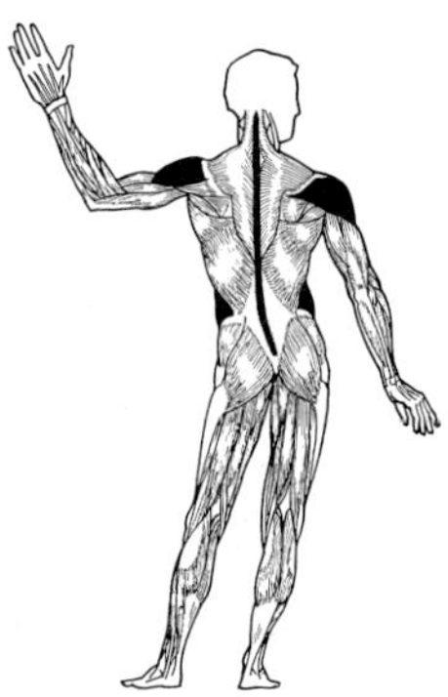

Übungsbeschreibung

1. Befestigen Sie das Thera-Band am oberen Türrand o. ä. Halten Sie das Thera-Band mit beiden Händen oberhalb Ihres Kopfes.
2. Neigen Sie den «geraden» Oberkörper im Sitz nach hinten.
3. Führen Sie die Arme über dem Kopf in kleinen Bewegungen wechselseitig nach vorne und nach hinten.

Ergänzende Übungshinweise

– Vermeiden Sie in der Ausgangsstellung durch die aktive Anspannung von Bauch- und Gesäßmuskulatur eine Hohlkreuzstellung.
– Durch eine Vergrößerung der Neigung können Sie die Bauchspannung vergrößern.

Trainierte Muskulatur

++ Gerade und quere Bauchmuskulatur
++ Schräge Bauchmuskulatur
\+ Breiter Rückenmuskel

Rückenmuskulatur

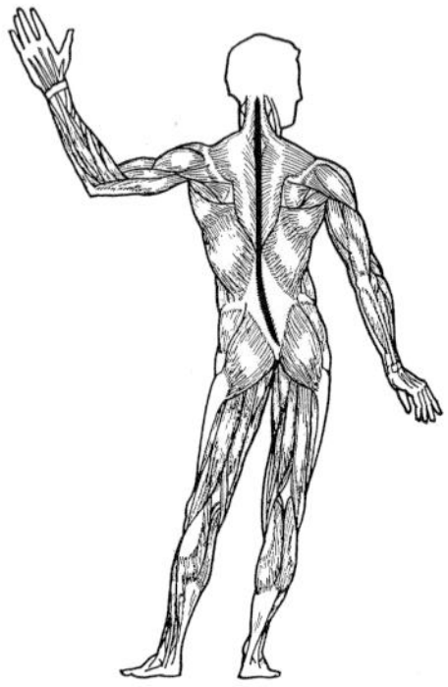

Übungsbeschreibung

1. Fixieren Sie im Sitz die Enden des Thera-Bands unter Ihren Füßen. Legen Sie das Band breitflächig über Ihre Schulter.
2. Beugen Sie den Oberkörper so weit nach vorne, daß Ihr Becken auf den Oberschenkeln aufliegt.
3. Strecken und beugen Sie abwechselnd Ihren Oberkörper, ohne daß das Becken den Kontakt zu den Oberschenkeln verliert.

Ergänzender Übungshinweis

– Achten Sie auf eine kontrollierte Bewegungsführung.

Trainierte Muskulatur

\+ Rückenstreckmuskulatur

Thera-Band

Thera-Band

Aufrichtemuskulatur

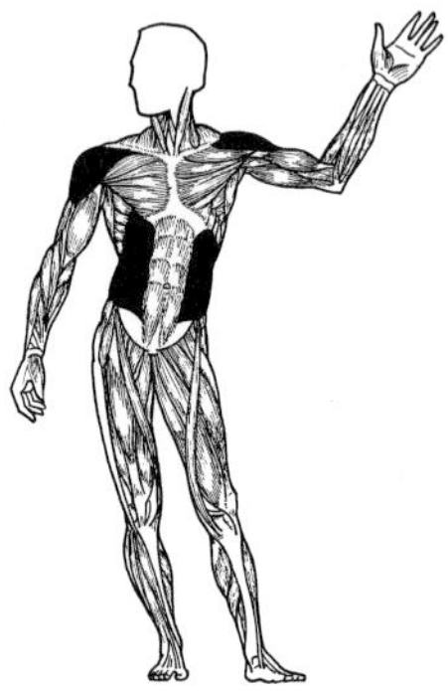

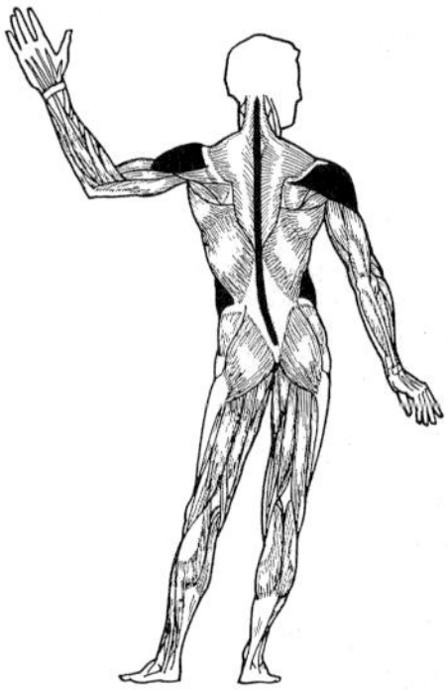

Übungsbeschreibung

1. In der Grätschstellung umfassen Sie das Thera-Band nahe Ihrem Knie.
2. Ziehen Sie das Thera-Band vom Fuß weg nach oben zur anderen Seite. Strecken Sie Ihren ganzen Körper und schauen Sie während der Übungsausführung Ihren Händen nach.
3. Bewegen Sie sich wieder langsam in die Ausgangsposition zurück.

Variation

– Fixieren Sie das Thera-Band unten an einer Tür o. ä.

Ergänzende Übungshinweise

– Nehmen Sie das Thera-Band in Ihre Fäuste, die Arme sind gestreckt.
– Fassen Sie das Thera-Band tiefer in Kniehöhe.
– Achten Sie auf eine kontrollierte Bewegungsführung.
– Die Übung ist durch die komplexe Bewegungsausführung sehr anspruchsvoll.

Trainierte Muskulatur
++ Rückenstreckmuskulatur
++ Schräge Bauchmuskulatur
++ Schultermuskulatur
++ Viereckiger Lendenmuskel

Rücken- und Schultermuskulatur

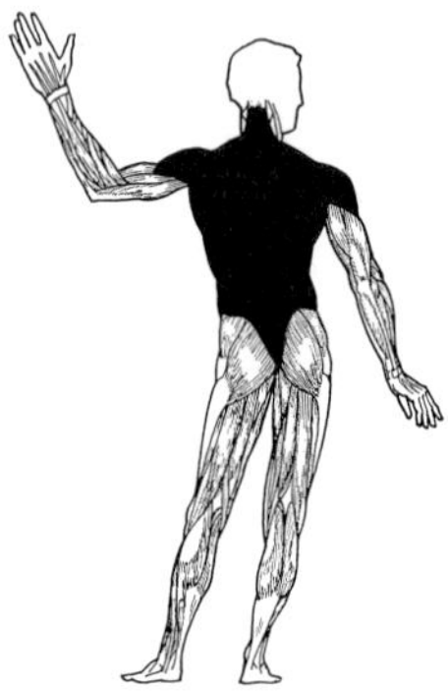

Übungsbeschreibung

1. Spannen Sie in der Bauchlage die Bauch- und Gesäßmuskulatur leicht an, so daß sich unter Ihrem Bauch eine kleine «Höhle» bildet.
2. Ziehen Sie beide Arme gleichzeitig aus der gestreckten Position nach hinten.

Variation

– Legen Sie sich auf einen Fitnessball. Richten Sie Ihren Oberkörper bis zur Waagerechten auf und ziehen Sie die Arme nach hinten.
– Neigen Sie im Stand den Oberkörper nach vorne und ziehen Sie die Arme zurück.

Ergänzende Übungshinweise

– Halten Sie Ihren Kopf in Verlängerung Ihrer Wirbelsäule.
– Führen Sie Ihre Ellbogen parallel zur Unterlage.

Trainierte Muskulatur

++ Rückenstreckmuskulatur
+ Oberflächige Rückenmuskulatur
+ Interscapuläre Muskulatur

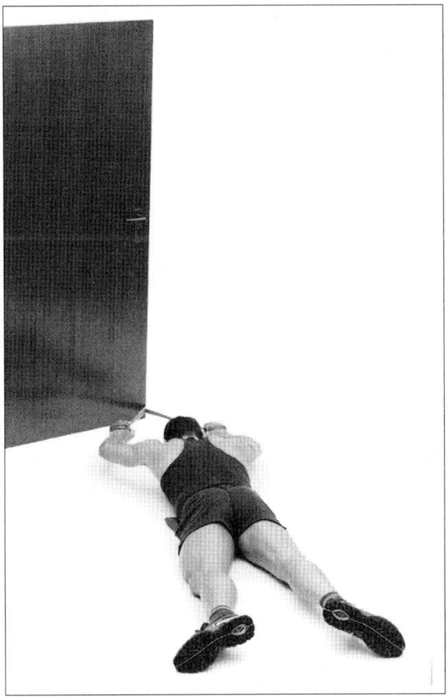

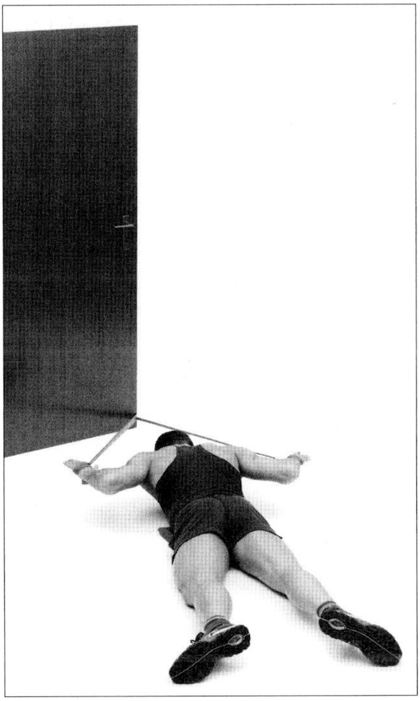

Rücken- und Schultermuskulatur

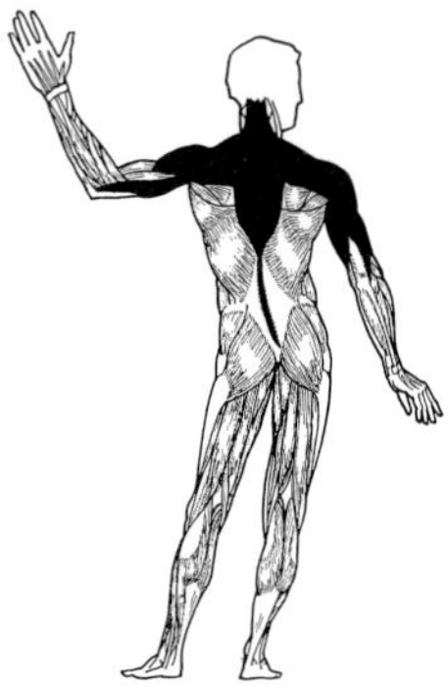

Übungsbeschreibung

1. Spannen Sie in der Bauchlage leicht Bauch- und Gesäßmuskulatur, so daß sich unter Ihrem Bauch eine kleine «Höhle» bildet.
2. Fassen Sie das Thera-Band vor Ihrem Kopf und ziehen Sie es in die U-Halte. Heben Sie dabei die Arme.
3. Strecken Sie aus der U-Halte einen Arm nach vorne, ziehen Sie den anderen Arm nach hinten.

Ergänzender Übungshinweis

– Halten Sie Ihren Kopf in Verlängerung Ihrer Wirbelsäule.
– Führen Sie die Hände nahe am Körper.

Trainierte Muskulatur

++ Rückenstreckmuskulatur
++ Interscapuläre Muskulatur
\+ Oberflächige Rückenmuskulatur
\+ Oberarmrückseite

Rumpfmuskulatur

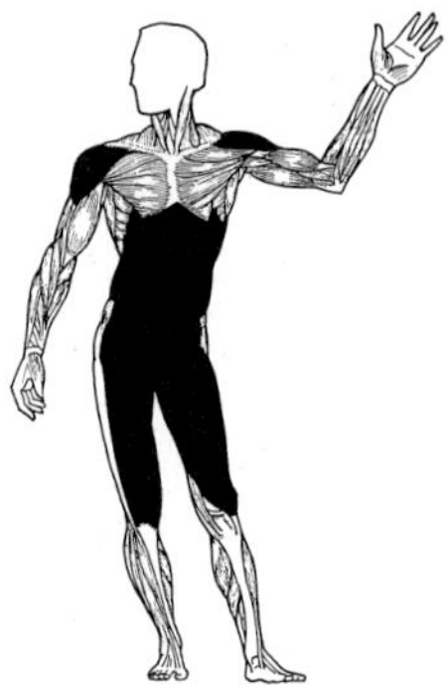

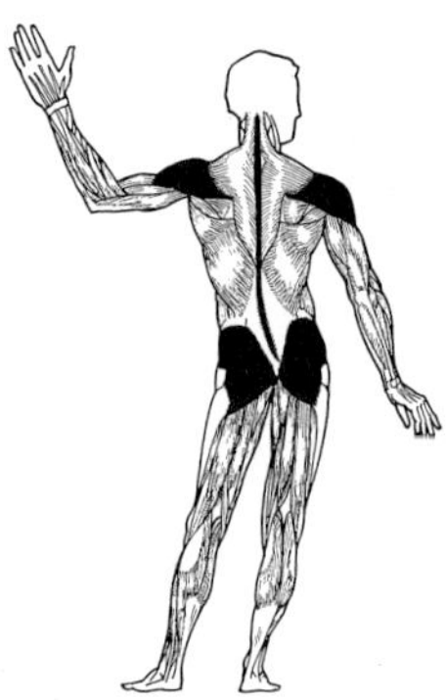

Übungsbeschreibung

1. Fixieren Sie das Thera-Band in Hüfthöhe an einer Tür. Stehen Sie im aufrechten Stand und halten Sie das Thera-Band in einer Hand vor dem Körper.
2. Beugen Sie Ihre Knie- und Hüftgelenke und ziehen Sie gleichzeitig das Thera-Band aus unterschiedlichen Richtungen neben den Körper.
3. Versuchen Sie trotz des entstehenden Drehmoments die aufrechte Haltung zu stabilisieren.

Variation

– Eine leichtere Übungsvariante ist das Training im Sitzen.

Ergänzende Übungshinweise

– Achten Sie auf eine kontrollierte Bewegungsführung.
– Vermeiden Sie eine Drehung des Körpers.
– Sie trainieren mit der Übung gleichzeitig eine günstige Bückbewegung.

Trainierte Muskulatur

++ Schräge Bauchmuskulatur
++ Aufrichtemuskulatur der Wirbelsäule
+ Arm- und Schultermuskulatur (je nach Zugrichtung)
+ Bein- und Gesäßmuskulatur

Ganzkörperkräftigung

(vor allem seitliche Rumpfmuskulatur)

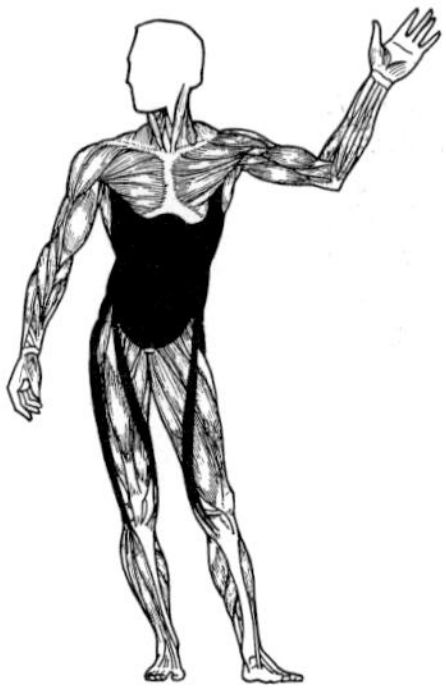

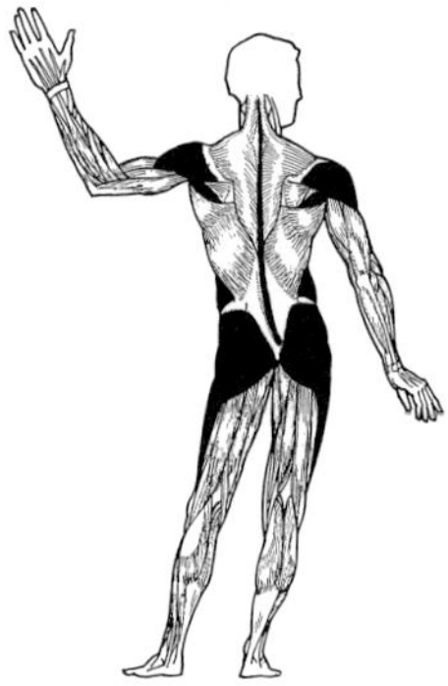

Übungsbeschreibung

1. In der Seitlage umwickeln Sie mit der Thera-Band-Schlinge die Oberschenkel. Winkeln Sie die Unterschenkel in einem Winkel von 90 Grad an. Stützen Sie sich auf dem Unterarm ab. Der Ellbogen befindet sich unter dem Schultergelenk.
2. Heben Sie das Gesäß, bis der Körper eine Linie bildet.
3. Spreizen Sie das obere Bein ab und führen Sie es wieder heran.

Variation

– Heben und senken Sie die Hüfte.
– Beim Anheben der Hüfte spreizen Sie das obere Bein im Wechsel nach vorne und oben bzw. nach hinten und oben.

Ergänzender Übungshinweis

– Halten Sie die Oberschenkel in Verlängerung zum Oberkörper und winkeln Sie die Unterschenkel rechtwinklig an.
– Drücken Sie mit der anderen Hand leicht auf die Hüfte.
– Halten Sie den Rumpf stabil und weichen Sie nicht ins Hohlkreuz aus.

Trainierte Muskulatur

++ Viereckiger Lendenmuskel
\+ Schräge Bauchmuskulatur
\+ Rückenstreckmuskulatur
\+ Gesäßmuskulatur
\+ Vordere und äußere Oberschenkelmuskulatur
\+ Deltamuskel

Ganzkörperkräftigung

(vor allem seitliche Rumpfmuskulatur)

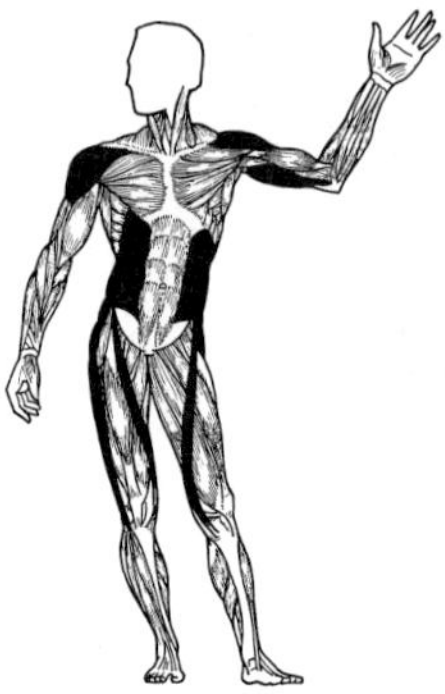

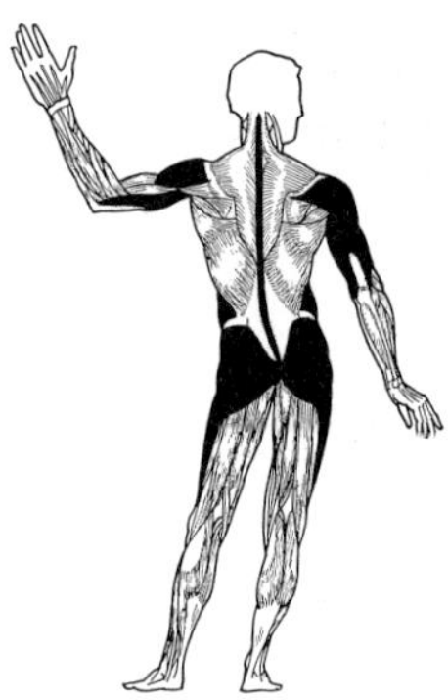

Übungsbeschreibung

1. In der Seitenlage stützen Sie sich auf dem Unterarm ab. Der Ellbogen befindet sich unter dem Schultergelenk. Fixieren Sie mit dieser Hand das Thera-Band.
2. Ziehen Sie die Zehen der gestreckten Beine heran und heben Sie das Gesäß, bis der Körper eine Linie bildet.
3. Strecken Sie den oberen Arm und spreizen Sie zusätzlich das obere Bein ab.

Variation

– Wickeln Sie das Band um Ihre Beine. Heben Sie die Hüfte und spreizen Sie das obere Bein ab.

Ergänzender Übungshinweis

– Halten Sie den Rumpf stets gerade.

Trainierte Muskulatur

++ Viereckiger Lendenmuskel
\+ Schräge Bauchmuskulatur
\+ Rückenstreckmuskulatur
\+ Gesäßmuskulatur
\+ Vordere und äußere Oberschenkelmuskulatur
\+ Deltamuskel
\+ Oberarmrückseite

Ganzkörperkräftigung

(vor allem wirbelsäulenaufrichtende Muskulatur)

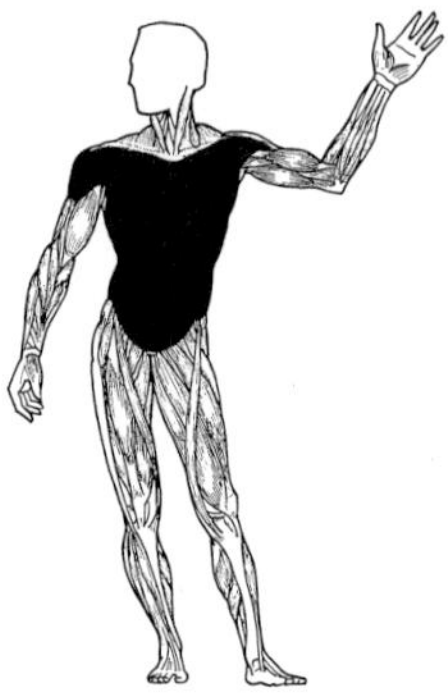

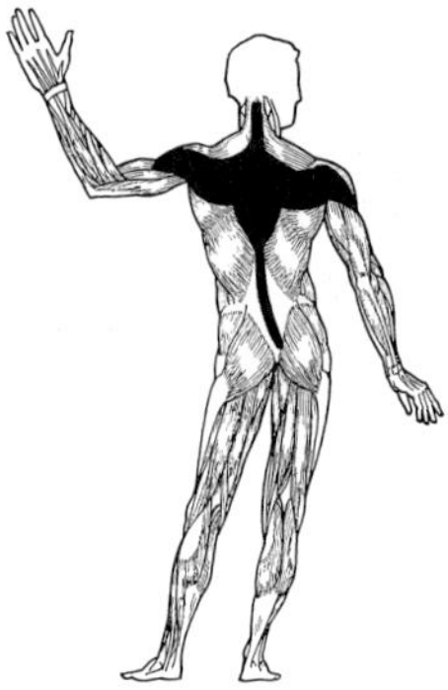

Übungsbeschreibung

1. Stützen Sie sich auf Knie und Ellbogen. Halten Sie das vorgedehnte Thera-Band in beiden Händen. Spannen Sie die Rumpfmuskulatur an, lassen Sie dabei den Rücken gerade.
2. Ziehen Sie das Thera-Band auseinander.
3. Heben Sie die Knie um einen Zentimeter vom Boden ab.

Variationen

– Gehen Sie mit den Füßen auf der Stelle.
– Gehen Sie mit den Füßen nach rechts und nach links, nach vorne und nach hinten.

Ergänzende Übungshinweise

– Stabilisieren Sie Ihren Körper während der ganzen Übung durch Körperspannung.
– Halten Sie den Kopf in Verlängerung der Wirbelsäule. Blicken Sie zum Boden.
– Leichter wird die Übung, wenn Sie die Beine nicht anheben, sondern nur «leicht machen».

Trainierte Muskulatur

++ Gerade Bauchmuskulatur
\+ Schräge Bauchmuskulatur
++ Rückenstreckmuskulatur
\+ Oberflächige Rückenmuskulatur
\+ Brustmuskulatur
\+ Oberarmmuskulatur
\+ Deltamuskel

Ganzkörperkräftigung

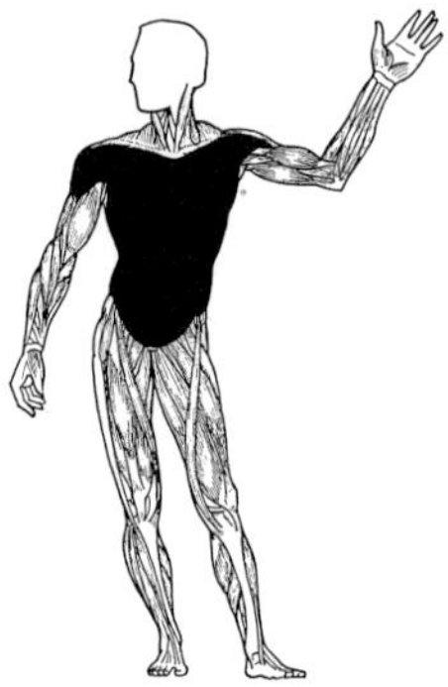

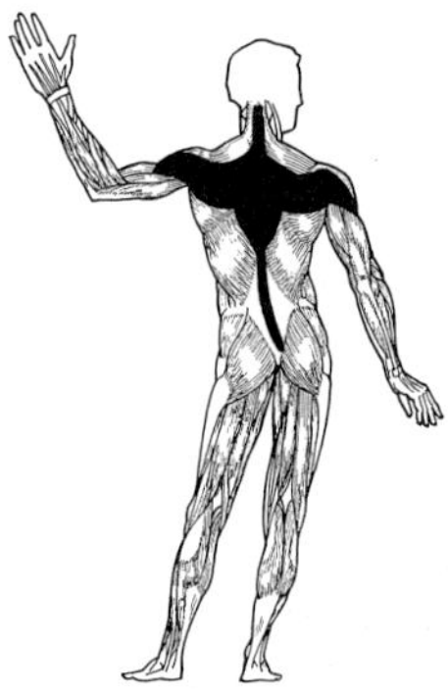

Übungsbeschreibung

1. Im Vierfüßlerstand halten Sie das vorgedehnte Thera-Band in einer Hand. Spannen Sie die Rumpfmuskulatur an, lassen Sie dabei den Rücken gerade.
2. Ziehen Sie das Thera-Band aus unterschiedlichen Richtungen zu Ihrem Körper.
3. Versuchen Sie diese Haltung zu stabilisieren.

Ergänzende Übungshinweise

– Stabilisieren Sie Ihren Körper während der ganzen Übung durch Körperspannung.
– Halten Sie den Kopf in Verlängerung der Wirbelsäule. Blicken Sie zum Boden.

Trainierte Muskulatur

+ Schräge Bauchmuskulatur
+ Gerade Bauchmuskulatur
+ Rückenstreckmuskulatur
+ Schulter- und Armmuskulatur (je nach Zugrichtung)

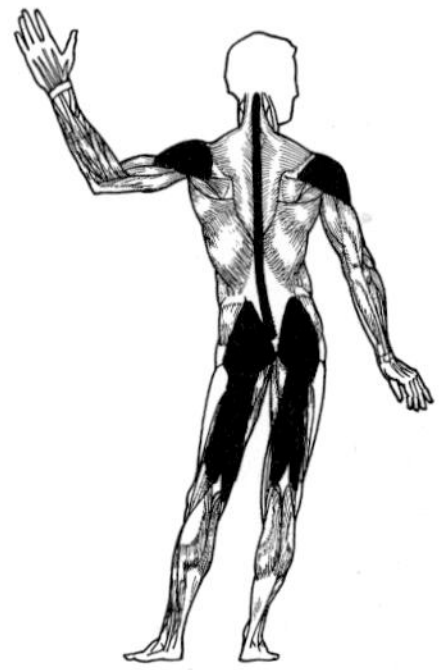

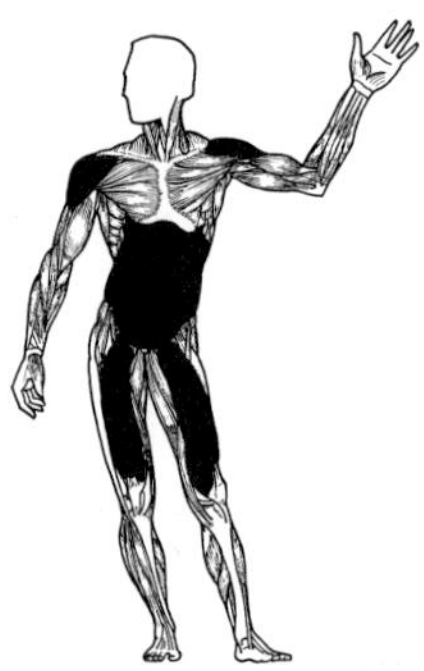

Übungsbeschreibung

1. Legen Sie sich auf die rechte Körperseite. Umfassen Sie das um den linken Fuß geschlungene Thera-Band mit der linken Hand.
2. Drücken Sie den rechten Ellbogen in die Unterlage.
3. Strecken Sie Ihr linkes Bein nach hinten und führen Sie gleichzeitig den linken Arm nach vorne.

Ergänzende Übungshinweise

– Halten Sie den Rumpf während der gesamten Bewegungsausführung stabil.
– Der Druck des rechten Ellbogens erleichtert Ihnen das Beibehalten der Ausgangslage.
– Die Übung ist koordinativ sehr anspruchsvoll.
– Die Übung können Sie als Variante auch im Seitstütz ausführen.

Trainierte Muskulatur

++ Gerade Bauchmuskulatur
\+ Schräge Bauchmuskulatur
++ Rückenstreckmuskulatur
\+ Schultermuskulatur
\+ Gesäßmuskulatur
\+ Vordere und hintere Oberschenkelmuskulatur
\+ Oberarmrückseite

Schulter-, Brust- und Armmuskulatur

Das klassische Körperrelief des Mannes ist geprägt von einer schmalen Hüfte und breiten Schultern. Der athletische V-förmige Rumpf wird mit einer ausgeprägten Muskulatur von Schultern, Brust und Armen assoziiert. Diese Muskeln spielen im Alltag, z. B. bei allen Zieh- und Hebebewegungen, eine wichtige Rolle. Ob beim Renovieren, bei der Gartenarbeit oder beim Heben von Lasten: eine kräftige Schulter-, Brust- und Armmuskulatur macht den Alltag um ein vielfaches leichter. Darüber hinaus hat die gezielte Kräftigung der Schultermuskulatur eine große gesundheitliche Bedeutung.

Der *Schultergürtel* ist die äußerst bewegliche Verbindung zwischen Armen und Rumpf. Er wird aus den Schlüsselbeinen und den Schulterblättern gebildet. Die Schlüsselbeine sind gelenkig mit den Schulterblättern und mit dem Brustbein verbunden, die Oberarme über die Schultergelenke mit den Schulterblättern. Der ganze Schultergürtel ist von zahlreichen Muskeln umhüllt und beweglich aufgehängt. Die Aufgabe der Muskeln ist es, den Schultergürtel am Rumpf zu fixieren und ihn für die Armbewegungen entsprechend einzustellen. Durch die geringe knöcherne Führung und die schlaffe Gelenkkapsel ist das Schultergelenk das beweglichste, aber auch das für Ausrenkung anfälligste Gelenk des Menschen[41]. Es ist in besonderem Maße auf eine muskuläre Sicherung angewiesen.

Der *Deltamuskel* umschließt kappenartig das Schultergelenk und formt so die Schulter von oben und seitlich. Er sichert das Gelenk und ist an allen Schultergelenksbewegungen beteiligt. Der *Kapuzenmuskel* liegt zwischen Schulter und Nacken und längs der Schulterblätter. Aufgrund seiner drei Muskelanteile kann er die Schulter heben, den Kopf drehen, die Schulterblätter zusammenführen und zum Heben des Armes nach außen drehen. Die darunterliegenden *Rautenmuskeln* heben zusammen mit dem *Schulterblattheber* das Schulterblatt, ziehen es aber zusätzlich an die Wirbelsäule und drehen es einwärts. Der *breite Rückenmuskel*, der die hintere Achselhöhlenwand bildet, senkt den erhobenen Arm und zieht ihn nach hinten. Beim Einwärtsdrehen und Heranziehen wird er vom *großen Rundmuskel* unterstützt.

Der große, außerordentlich kräftige *Brustmuskel* zieht von der Vorderseite des Rumpfes zum Oberarm. Er bewegt den Arm nach vorne, führt ihn seitlich heran, dreht ihn einwärts und stabilisiert das Schultergelenk.

Eine häufig anzutreffende Verkürzung des Brustmuskels bei gleichzeitiger Schwäche der Rückenstrecker im Brustwirbelsäulenbereich und der *Schulterblattfixatoren* führt zu der typischen vornübergeneigten Haltung mit nach vorne gezogenen Schultern. So werden Sie im Übungsprogramm zahlreiche Übungen finden, mit denen Sie besonders die Streck- und Aufrichtemuskulatur trainieren. Dadurch wirken Sie zum einen der Haltungsgewohnheit des «Rundrückens» entgegen, zum anderen wirken Sie aufrechter und zeigen Haltung!

Schulter- und Rückenmuskulatur

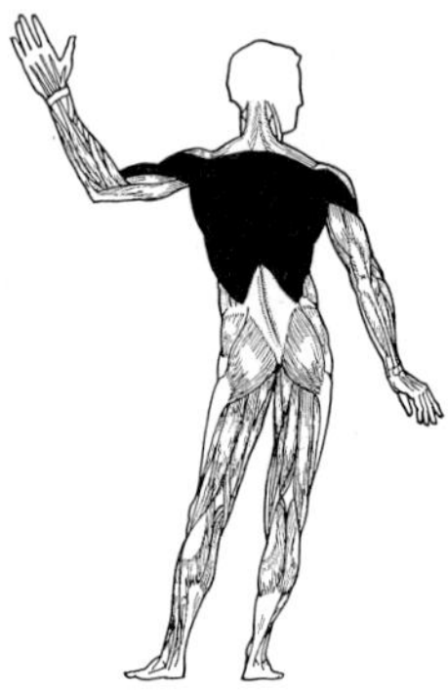

Übungsbeschreibung

1. Stehen Sie im aufrechten Stand und fassen Sie die Enden des Thera-Bands.
2. Spannen Sie Ihre Rumpfmuskulatur an.
3. Ziehen Sie beide Ellbogen nahe am Körper nach hinten (Rudern).

Variationen

– Ziehen Sie die Ellbogen seitlich in Schulterhöhe nach hinten.
– Setzen Sie sich mit gebeugten Beinen aufrecht hin. Ziehen Sie wie beim Rudern die Ellbogen nach hinten.

Ergänzende Übungshinweise

– Halten Sie in der Ausgangsstellung Ihre Schultern hinten.
– Stabilisieren Sie Ihren Rücken durch aktive Anspannung der Rumpfmuskulatur.
– Fixieren Sie das Thera-Band oben an der Tür o. ä. Durch Veränderung der Fixierung und Armhaltung wird die Muskulatur unterschiedlich belastet.

Trainierte Muskulatur

++ Deltamuskel
++ Breiter Rückenmuskel
\+ Schultergürtelmuskulatur
(Kapuzenmuskel, interscapuläre Muskulatur)
\+ Oberarmvorderseite

Schulter- und Rumpfmuskulatur

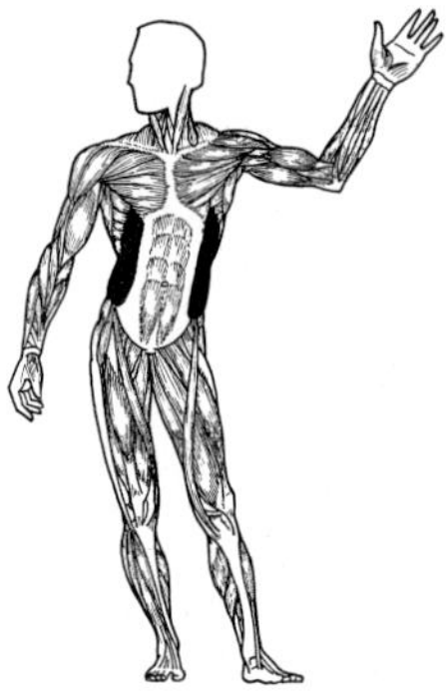

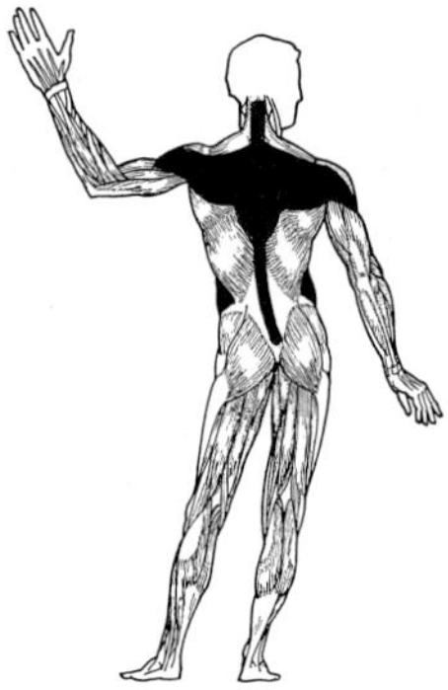

Übungsbeschreibung

1. Setzen Sie sich aufrecht auf das Thera-Band. Strecken Sie beide Arme nach oben.
2. Schieben Sie im Wechsel die Arme nach oben und versuchen Sie gleichzeitig, das Gesäß auf der Gegenseite anzuheben.

Variation

– Üben Sie im Knien.

Ergänzende Übungshinweise

– Achten Sie darauf, daß Sie die Wirbelsäule während der Übungsausführung nicht verdrehen und die Halswirbelsäule nicht überstrecken.
– Es wird neben der Kräftigung der seitlichen Rumpfmuskulatur auch die Beweglichkeit der Wirbelsäule verbessert.

Trainierte Muskulatur

++ Viereckiger Lendenmuskel
\+ Schräge Bauchmuskulatur
\+ Rückenmuskulatur im Lenden- und Brustbereich
\+ Schultermuskulatur (Deltamuskel, Kapuzenmuskel)

Schulter- und Rückenmuskulatur

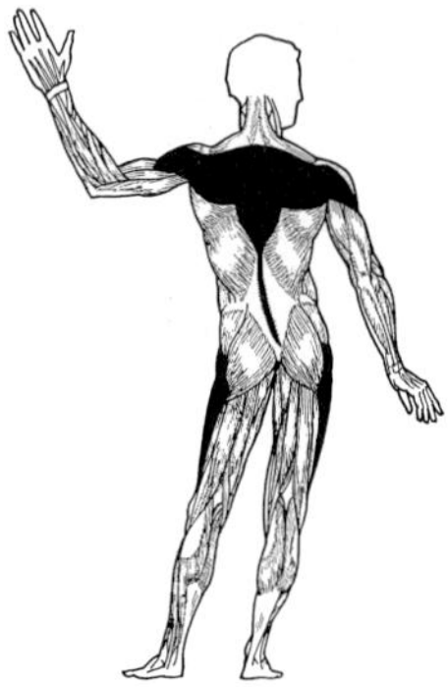

Übungsbeschreibung

1. Umschlingen Sie im Stehen die Füße und Knie mit dem Thera-Band und fassen Sie es über Kreuz.
2. Drücken Sie die Knieaußenseite gegen das Thera-Band.
3. Ziehen Sie die Arme von der Mitte nach oben und außen.

Variationen

– Ziehen Sie die Arme in die U-Halte.
– Lösen Sie die Fassung über Kreuz und ziehen Sie die gestreckten Arme seitlich nach oben.
– Gehen Sie während der Armstreckbewegung weiter in die Kniebeuge.

Ergänzende Übungshinweise

– Halten Sie am Ende des Bewegungsweges die Schulterblätter unten.
– Sie können die Übung auch im Sitzen durchführen.
– Durch die gleichzeitige Spannung von Rumpf, Armen und Beinen kommt es zu einem komplexen Training der Aufrichtemuskulatur.
– Die Spannung der Beine gegen das Band schult das Einhalten der funktionellen Beinachse.

Trainierte Muskulatur
++ Schultergelenksmuskulatur
++ Schultergürtelmuskulatur
+ Rumpfstabilisatoren

Schulter-, Arm- und Rückenmuskulatur

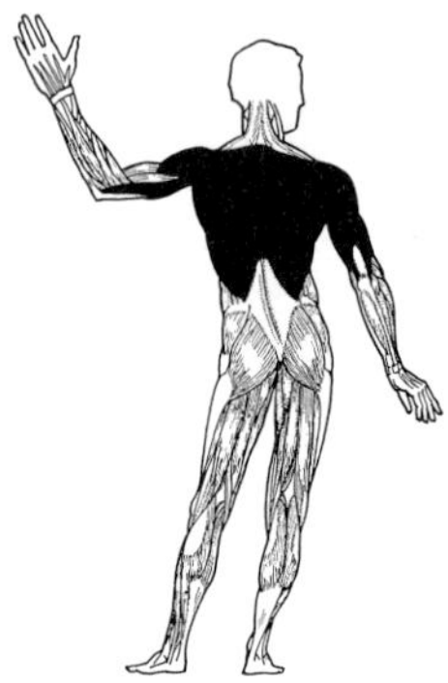

Übungsbeschreibung

1. Fixieren Sie das Thera-Band oberhalb der Tür o. ä. Stehen Sie in Schrittstellung. Beugen Sie Ihren Oberkörper leicht nach vorne und stabilisieren Sie die Wirbelsäule. Umfassen Sie das Thera-Band auf Kopfhöhe.
2. Führen Sie die gestreckten Arme seitlich neben den Körper. In der Endstellung zeigen die Daumen vom Körper weg nach außen.

Variation

– Eine Hand stabilisiert das Thera-Band in der Endposition und der andere Arm bewegt sich vor und zurück.

Ergänzende Übungshinweise

– Je nach Fixierungspunkt (höher/tiefer) ändert sich der Bereich der maximalen Muskelbeanspruchung.
– Sie können die Bewegung auch im Kniestand durchführen.
– Diese Übung eignet sich besonders zur Aufrichtung und Stabilisierung der Brustwirbelsäule.

Trainierte Muskulatur

++ Deltamuskel
++ Breiter Rückenmuskel
\+ Vordere und hintere Schulterblattmuskeln
\+ Oberarmrückseite

Brust- und Armmuskulatur

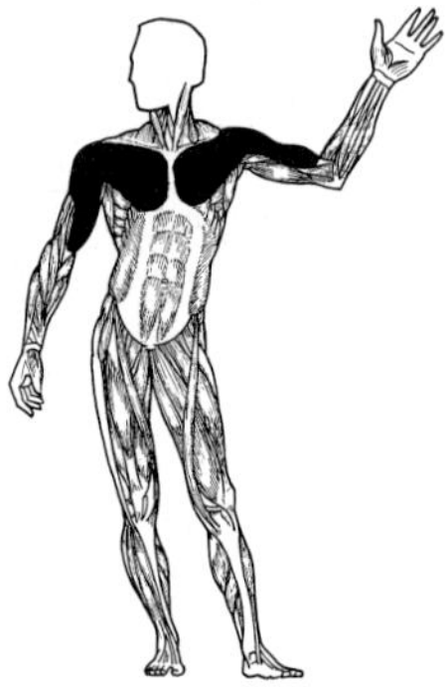

Übungsbeschreibung

1. Fixieren Sie das Thera-Band unten an der Tür o. ä. Stehen Sie in Schrittstellung rücklings zum Band. Beugen Sie Ihren Oberkörper leicht nach vorne und stabilisieren Sie Ihre Wirbelsäule.
2. Führen Sie die gestreckten Arme seitlich neben dem Körper nach vorne.

Variation

– Halten Sie die Hände neben der Brust etwas unterhalb der Schulter. Strecken und beugen Sie die Arme (Chestpress).
– Stehen Sie seitlich zum Thera-Band und führen Sie den gestreckten Arm von der Seite bis vor den Körper.

Ergänzende Übungshinweise

– Halten Sie durch ausreichende Rumpfspannung Ihr Becken stabil.
– Halten Sie die Arme leicht gebeugt.
– Sie können das Band auch am hinteren Fuß fixieren.
– Je nach Fixierungspunkt (höher/tiefer) ändert sich der Bereich der maximalen Muskelbeanspruchung.

Trainierte Muskulatur

++ Deltamuskel
++ Großer Brustmuskel
\+ Oberarmmuskulatur

Schultermuskulatur
(vor allem Außenrotatoren)

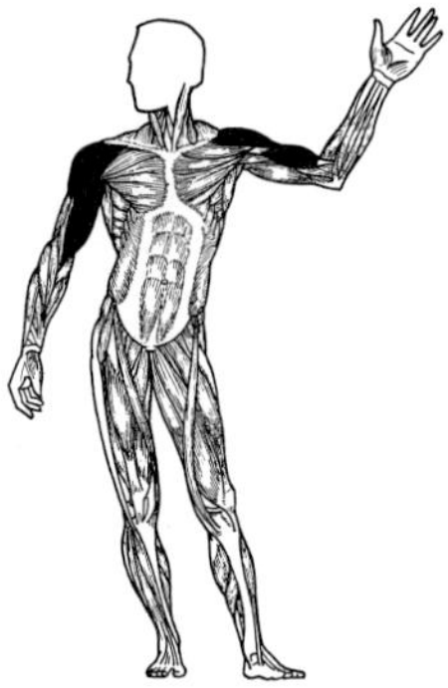

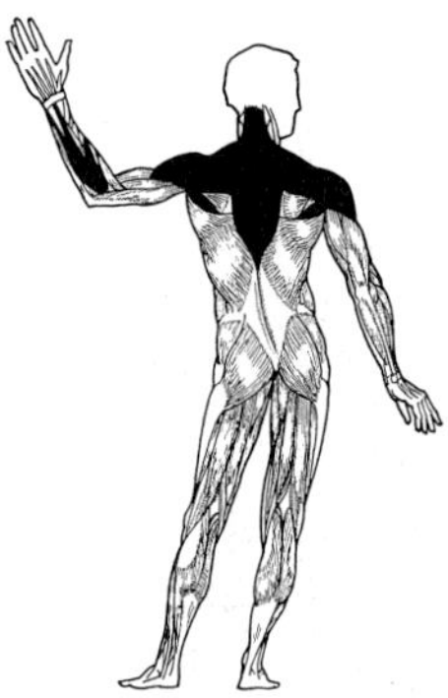

Übungsbeschreibung

1. Halten Sie Ihre Ellenbogen an Ihrem Körper.
2. Spreizen Sie die Finger.
3. Drehen Sie Ihre Unterarme nach außen. Die Hände führen die Bewegung.

Variation

– Koppeln Sie die Übung mit einer Übung für die Beine.

Ergänzende Übungshinweise

– In der statischen Ausführung der Übung halten Sie die Endposition ca. 20 Sekunden.
– Bei dieser Übung kommt es zur Aufrichtung des Brustkorbs.
– Diese Übung ist besonders geeignet für Personen mit instabilen Schultergelenken.

Trainierte Muskulatur

++ Außenrotatoren Schultergelenk

++ Hand- und Fingerstrecker

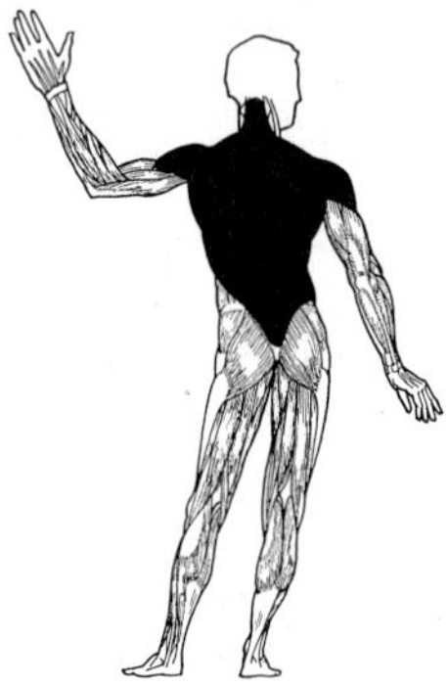

Übungsbeschreibung

1. Setzen Sie sich mit dem Rücken dicht an eine Tür.
2. Fassen Sie mit den Händen die Enden des Thera-Bandes.
3. Ziehen Sie die Ellbogen seitlich nach unten.

Variation

– Ziehen Sie die gestreckten Arme nach unten.
– Fixieren Sie das Thera-Band an einem Stab. Ziehen Sie den Stab abwechselnd vor und hinter dem Kopf nach unten.

Ergänzender Übungshinweis

– Der Oberkörper ist aufrecht, das Gesäß hat ebenfalls Kontakt zur Tür.

Trainierte Muskulatur

++ Oberflächige Rückenmuskulatur (Kapuzen- und breiter Rückenmuskel)
\+ Deltamuskel
\+ Schulterblattmuskulatur
\+ Oberarmvorderseite

Arm-, Brust- und Schultermuskulatur

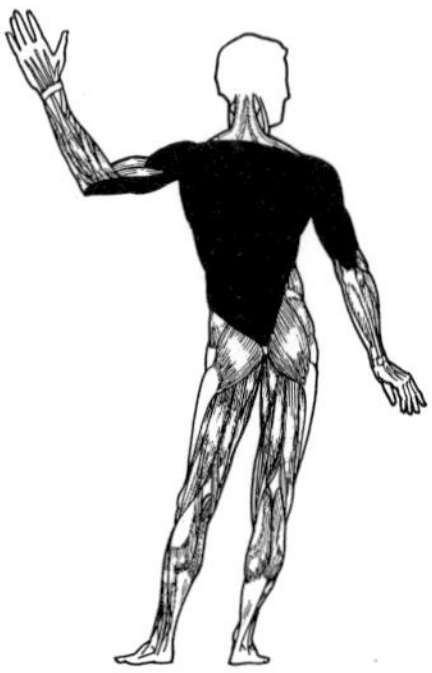

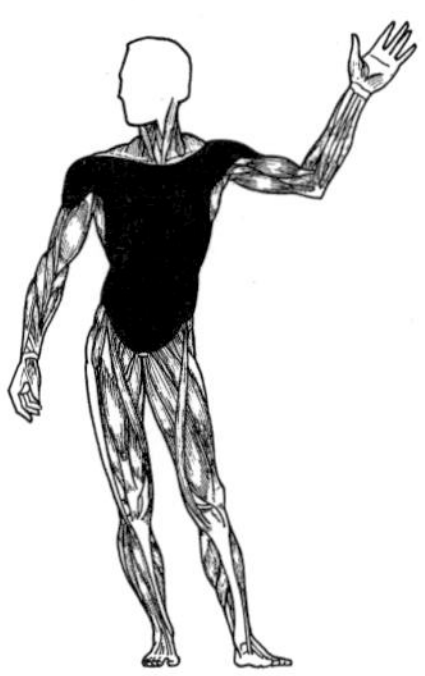

Übungsbeschreibung

1. Legen Sie das Thera-Band um Ihre Schulterblätter. Gehen Sie in den Liegestütz vorlings und kreuzen Sie die Beine.
2. Drücken Sie die Fußaußenseiten gegeneinander und spannen Sie die Rumpfmuskulatur.
3. Beugen und strecken Sie Ihre Arme (Gesundheitsliegestütz).

Variation

– Strecken Sie Ihre Beine (langer Liegestütz).

Ergänzender Übungshinweis

– Stabilisieren Sie während der ganzen Übung Ihren Rumpf.

Trainierte Muskulatur

++ Großer Brustmuskel
++ Oberarmrückseite
\+ Deltamuskel
\+ Schulterblattmuskulatur

Arm- und Schultermuskulatur

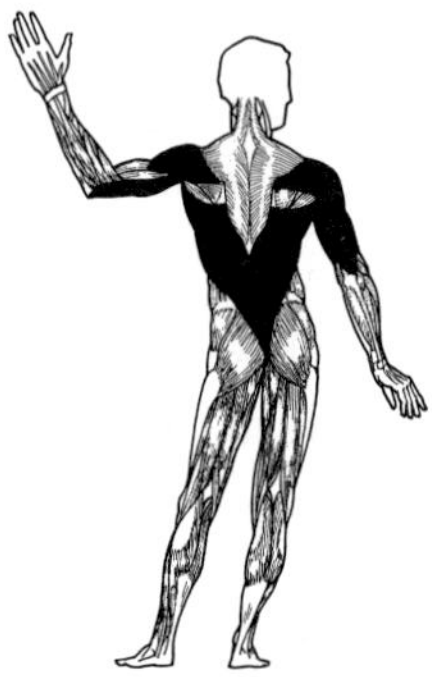

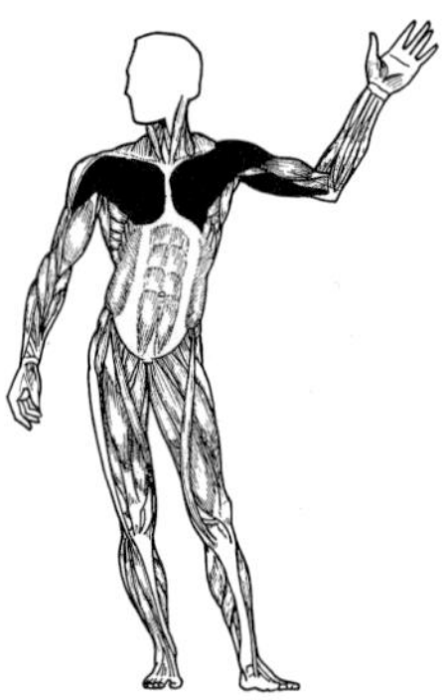

Übungsbeschreibung

1. Legen Sie das Thera-Band über Ihre Schultern und fassen Sie die Enden des Bandes.
2. Stützen Sie sich an der Stuhlfläche und spannen Sie die Rumpfmuskulatur.
3. Beugen und strecken Sie Ihre Arme (Dip).

Ergänzende Übungshinweise

– Achten Sie darauf, daß Sie den Schulterbereich stabilisieren.
– Halten Sie die Rumpfspannung.
– Je weniger Gewicht Sie über die Beine abnehmen, um so intensiver wird die Übung.

Trainierte Muskulatur

++ Oberarmrückseite
++ Großer und kleiner Brustmuskel
\+ Deltamuskel
\+ Trageschlinge des Rumpfes

Hintere Oberarmmuskulatur

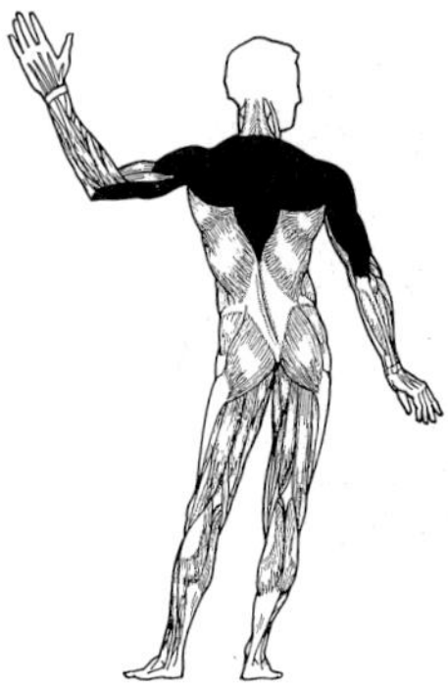

Übungsbeschreibung

1. Halten Sie den rechten Arm vor Ihrem Körper, die Hand ist geöffnet, der Daumen zeigt nach oben.
2. Strecken und beugen Sie den linken Arm.

Variation

– Stehen Sie in Schrittstellung und neigen Sie den Oberkörper leicht nach vorne. Halten Sie einen Ellbogen hinten. Strecken und beugen Sie den Unterarm (Kickbacks).

Ergänzende Übungshinweise

– Diese Übung dient einerseits zur Kräftigung des linken Armstreckers, andererseits zur Kräftigung der außenrotatorisch wirkenden Muskeln im rechten Arm.
– Fixieren Sie Ihren Ellbogen am Körper.
– Achten Sie darauf, daß Sie beide Schultern während der gesamten Ausführung unten halten.
– Führen Sie die Ellbogen nahe am Körper vorbei.

Trainierte Muskulatur

++ Oberarmrückseite
\+ Schulterstabilisatoren

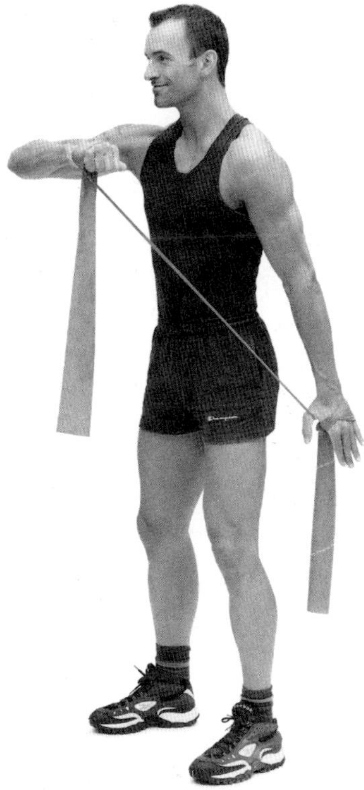

Hintere Oberarmmuskulatur

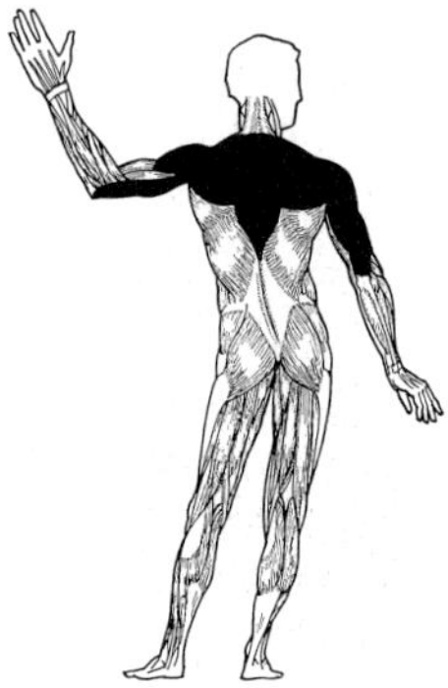

Übungsbeschreibung

1. Greifen Sie die Bandenden hinter dem Rücken.
2. Strecken Sie gleichzeitig beide Arme.

Variationen

– Fixieren Sie ein Bandende mit Ihrer Ferse. Mit der anderen Hand unterstützen Sie den Oberarm, so daß die Bewegung nur aus dem Unterarm erfolgt.

Ergänzender Übungshinweis

– Stabilisieren Sie Ihre Schultergelenke und führen Sie die Übung nur mit den Unterarmen aus.

Trainierte Muskulatur

++ Oberarmrückseite

\+ Schulterstabilisatoren

Vordere Oberarmmuskulatur

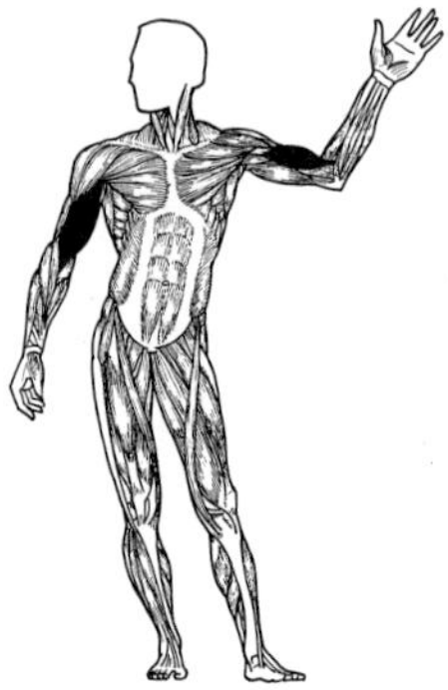

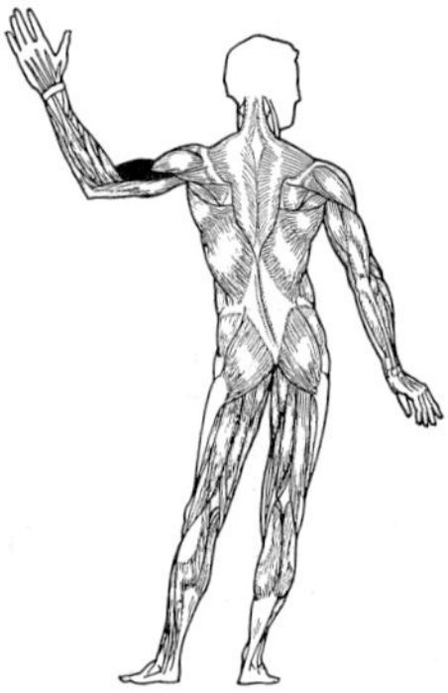

Übungsbeschreibung

1. Fixieren Sie im Sitz Ihren linken Ellbogen am linken Oberschenkel. Stehen Sie mit dem linken Fuß auf einem Ende des Thera-Bands und greifen Sie das andere Ende mit der Faust.
2. Beugen und strecken Sie im Wechsel den linken Unterarm im Ellbogengelenk. Drehen Sie bei der Beugebewegung die Hand nach außen.

Variation

– Variieren Sie die Handhaltung, z. B. Neutralgriff (Daumen zeigt nach oben) oder Obergriff (Handrücken zeigt nach oben).
– Sie können die Bewegung auch im Stand durchführen.

Ergänzende Übungshinweise

– Halten Sie während der Übungsausführung Ihren Rumpf stabil.
– Fixieren Sie den Ellbogen während der Beugebewegung am Rumpf.

Trainierte Muskulatur

++ Oberarmvorderseite

Thera-Band

Thera-Band

Gesäß- und Beinmuskulatur

Die Gesäß- und Beinmuskeln tragen uns tagein, tagaus durch den Alltag. Sie sind unabdingbar für die aufrechte Fortbewegung. Deshalb sind sie auch die größten und normalerweise am besten entwickelten Muskeln. Sie stabilisieren die Sprung-, Knie- und Hüftgelenke und verhindern somit ein ungewolltes Einknicken, ermöglichen die aufrechte Haltung des Rumpfes in der Fortbewegung und die Aufrichtung aus Hock- und Sitzpositionen. Unzureichend trainierte Bein- und Gesäßmuskeln führen zu Unsicherheiten im Alltag, machen einfache Handlungen zu schwierigen «Balanceakten» und können aufgrund von Veränderungen der Gelenkbelastung einen Teufelskreis von Überlastung, Schmerz und Fehlstatik einleiten.

Die *Gesäßmuskeln* haben die Aufgabe, die Hüfte zu strecken, das Becken aufzurichten, es beim Gehen zu stabilisieren und die Oberschenkel abzuspreizen. Der große Gesäßmuskel z. B. dreht den Oberschenkel zusätzlich kräftig nach außen. Trotz der vielfältigen Aufgaben werden die Gesäßmuskeln im modernen Alltag recht wenig belastet.

Der *Lendendarmbeinmuskel* ist der wichtigste Hüftbeugemuskel. Neben der Stabilisierung der Lendenwirbelsäule bewirkt er die Aufrichtung des Oberkörpers aus der Rückenlage und das Nach-vorne-Beugen im Stand. In der Regel wird er beim Gehen, Laufen, Treppensteigen usw. so weit aktiviert, daß er nicht gesondert gekräftigt zu werden braucht. Die *Schenkelanzieher*, die Adduktoren, führen die abgespreizten Oberschenkel heran, drehen das Bein bei jeder Vorwärtsbewegung im Verhältnis zur Hüfte nach außen und unterstützen ab einem bestimmten Winkel (30 Grad) auch die Hüftbeugung.

Der *vierköpfige Oberschenkelmuskel* macht vor allem die Form des Oberschenkels aus. Er streckt das Bein im Kniegelenk, unterstützt die Hüftbeugung und ist für die richtige Steuerung bzw. Fixation der Kniescheibe verantwortlich. An der Oberschenkelrückseite sitzt die sogenannte *ischiocrurale Muskulatur*, die neben einer Kniebeugung und Hüftstreckung eine Außendrehung des Unterschenkels bei gebeugtem Knie bewirkt.

Die beiden *Wadenmuskeln* ziehen die Ferse hoch und ermöglichen somit das Stehen und Gehen auf dem Ballen.

Hüftmuskulatur

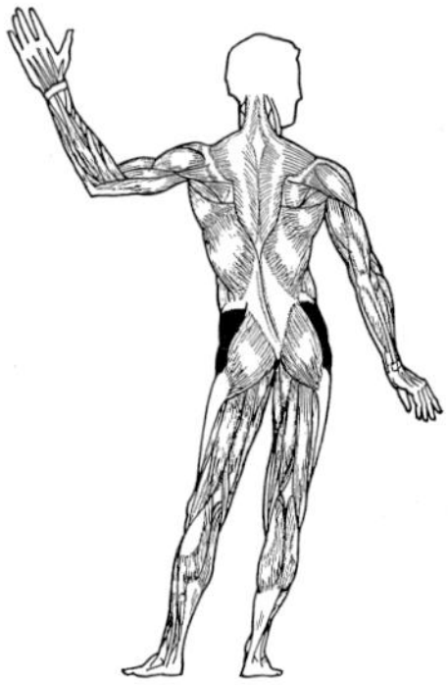

Übungsbeschreibung

1. Nehmen Sie eine etwas größere Schlinge des Thera-Bandes doppelt und legen Sie die Schlinge um Ihre Knie.
2. Stehen Sie etwas über hüftbreit im stabilen aufrechten Stand. Bewegen Sie Ihre Knie nach außen, so daß die Knie über die Zehen zeigen.

Ergänzende Übungshinweise

– Halten Sie die Übung in der Endstellung für einige Sekunden.
– Sie können diese Übung auch im Sitzen durchführen.
– Diese Übung ist wichtig für einen aufrechten Stand und führt besonders zu einer Aufrichtung der Fußgewölbe.
– Diese Übung können Sie mit Übungen für den Schultergürtel kombinieren.

Trainierte Muskulatur

++ Kleiner und mittlerer Gesäßmuskel

Gesäß- und Oberschenkelmuskulatur

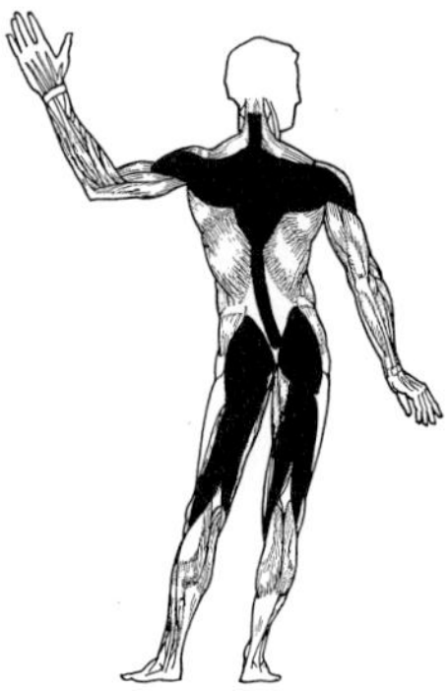

Übungsbeschreibung

1. Wickeln Sie das Thera-Band um eine Fußsohle und stützen Sie sich auf Ihre Unterarme.
2. Führen Sie dieses Bein nach oben, ohne daß sich die Winkelstellung des Kniegelenkes verändert.
3. Heben und senken Sie das Bein, indem Sie die Fußsohle zur Decke schieben.

Variation

– Fixieren Sie die Thera-Band-Schlinge an Ihrem anderen Bein.

Ergänzende Übungshinweise

– Führen Sie das Bein nicht über Hüfthöhe.
– Schieben Sie in der Endstellung die Fußsohle in kleinen Bewegungen nach oben.
– Achten Sie darauf, daß Sie Ihr Becken waagerecht und Ihre Wirbelsäule gerade halten.
– In der Ausgangsstellung stehen Ihre Knie ca. 10 cm hinter den Hüftgelenken.

Trainierte Muskulatur

++ Gesäßmuskulatur
++ Oberschenkelrückseite

Gesäß- und Oberschenkelmuskulatur

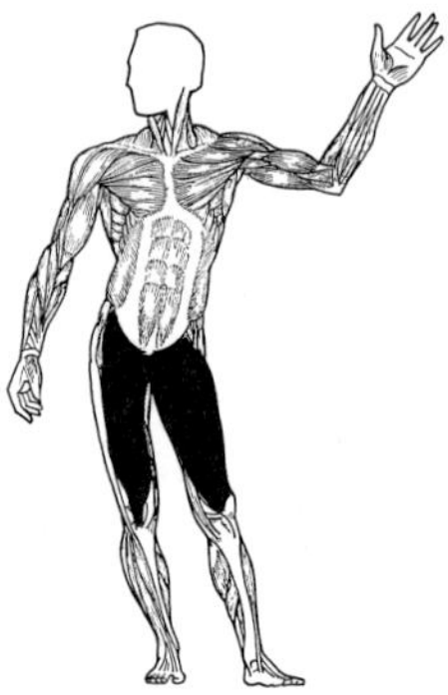

Übungsbeschreibung

1. Legen Sie in der Rückenlage die Mitte des Thera-Bands breitflächig über das angewinkelte Knie.
2. Greifen Sie die Bandenden und legen Sie die Arme mit dem Handrücken nach unten neben den Körper.
3. Heben Sie Ihr Becken, bis Oberkörper und Oberschenkel eine Linie bilden.
4. Senken und heben Sie wechselweise das Becken.

Ergänzende Übungshinweise

– Halten Sie das angewinkelte Bein im 90-Grad-Winkel. Somit ist der untere Rückenbereich stabilisiert, und das Band rutscht nicht hinunter.
– Verändern Sie die Bewegungsausschläge.

Trainierte Muskulatur

++ Gesäßmuskulatur
++ Oberschenkelmuskulatur
+ Tiefe und oberflächige Rückenmuskulatur

Gesäßmuskulatur

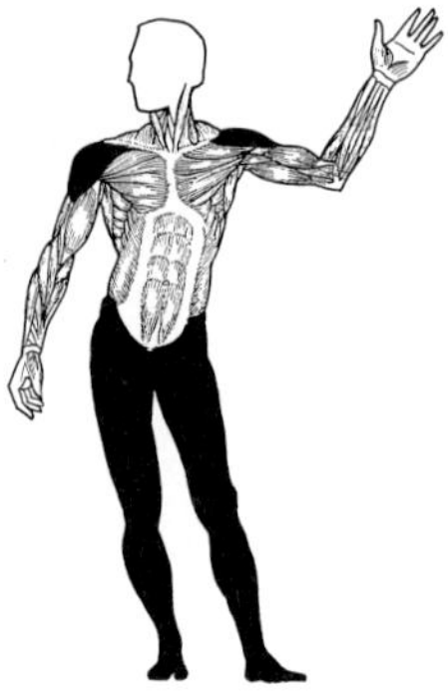

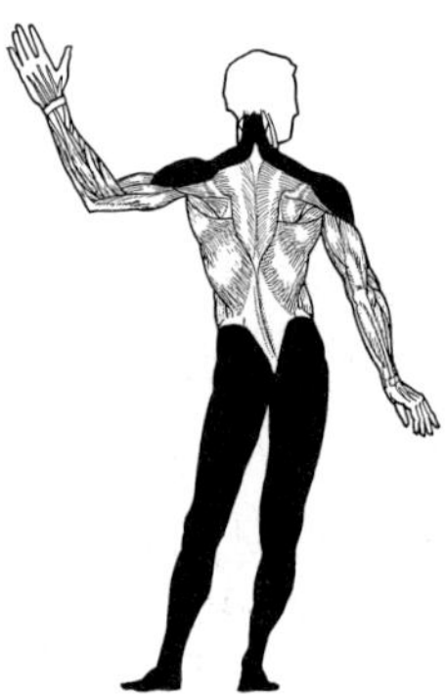

Übungsbeschreibung

1. Stehen Sie in leichtem Grätschstand mit beiden Füßen auf dem Band. Umfassen Sie beide Enden des Thera-Bands über Kreuz.
2. Spreizen Sie das linke Bein ab und ziehen Sie gleichzeitig den rechten Arm diagonal nach rechts oben.

Ergänzende Übungshinweise

– Sichern Sie bei der Beinbewegung das Becken und die Lendenwirbelsäule durch Rumpfspannung (keine Hohlkreuzbildung).
– Das Standbein ist leicht gebeugt. Die Muskulatur des Standbeines wird statisch mit trainiert.

Trainierte Muskulatur

++ Hüftstabilisatoren
\+ Beinmuskulatur
\+ Schultergürtelmuskulatur

Hüftstabilisatoren

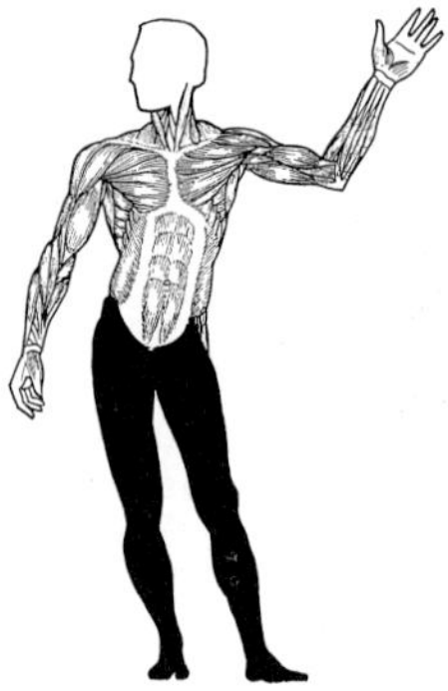

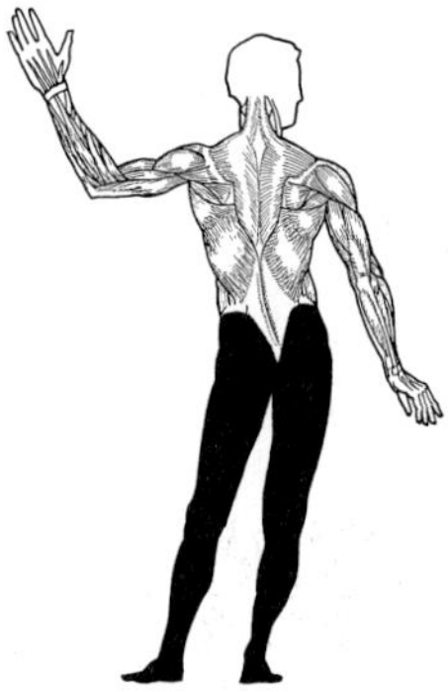

Übungsbeschreibung

1. Fixieren Sie das Thera-Band am Unterschenkel oberhalb des Sprunggelenkes. Spannen Sie Ihre Rumpfmuskulatur.
2. Führen Sie das Spielbein nach hinten.
3. Führen Sie das Spielbein nach außen.
4. Führen Sie das Spielbein an Ihrem Standbein vorbei nach vorne.
5. Führen Sie das Spielbein über Kreuz an Ihrem Standbein vorbei nach außen.

Variation

– Sie können die ersten drei Übungen auch mit einer Schlinge ausführen.

Ergänzende Übungshinweise

– Achten Sie darauf, daß Sie bei der Beinbewegung das Becken und die Lendenwirbelsäule muskulär sichern (keine Hohlkreuzbildung). Kontrollieren Sie die Stabilisation mit Ihren Händen.
– Das Standbein ist leicht gebeugt. Die Muskulatur des Standbeines wird statisch mit trainiert.
– Bei Knieproblemen fixieren Sie das Band oberhalb des Kniegelenks.
– Wechseln Sie nach etwa 30 Sekunden das Bein.

Trainierte Muskulatur

++ Hüftstreckmuskulatur
++ Beinabspreizmuskulatur (Abduktoren)
++ Hüftbeugemuskulatur
++ Beinanziehmuskulatur (Adduktoren)

Beinmuskulatur

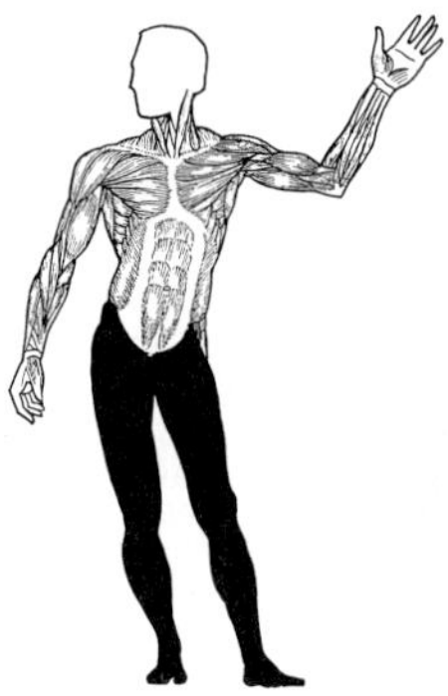

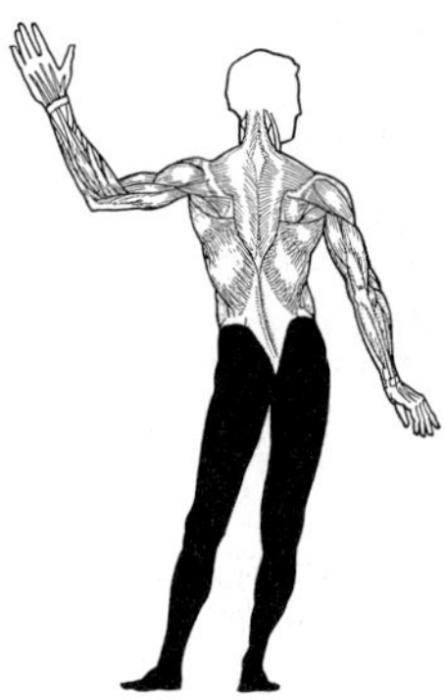

Übungsbeschreibung

1. Stellen Sie sich mit hüftbreit geöffneten Beinen mittig auf das Thera-Band. Halten Sie die Enden des Bandes etwa auf Höhe des Halses.
2. Gehen Sie in die Knie, so daß Unter- und Oberschenkel etwa einen rechten Winkel bilden (Squats).
3. Strecken und beugen Sie die Beine.

Ergänzender Übungshinweis

– Die Beine sind in der Ausgangsstellung gerade, aber nicht ganz durchgedrückt.
– Die Ellbogen zeigen nach vorne.

Trainierte Muskulatur

++ Oberschenkelvorderseite und -rückseite
++ Gesäßmuskulatur
++ Wadenmuskulatur

Rumpfstabilisatoren und Beinmuskulatur

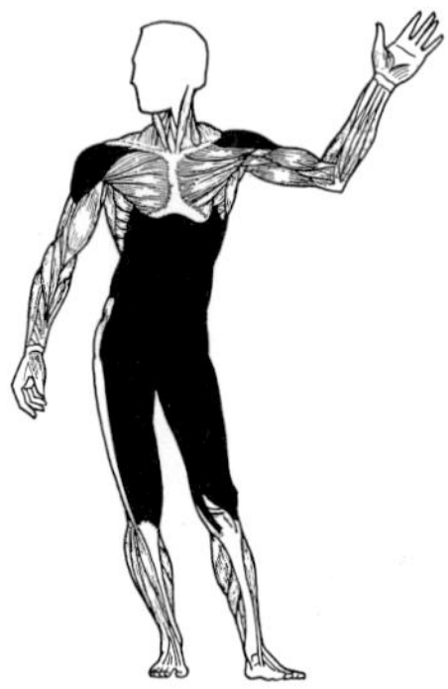

Übungsbeschreibung

1. Stehen Sie gebückt auf den Enden des Thera-Bandes.
2. Halten Sie Ihre Arme stabil über dem Kopf.
3. Richten Sie Ihren Körper auf.

Ergänzende Übungshinweise

– Halten Sie während der gesamten Übung den Rumpf stabil.
– Die Streckung der Beine und die Aufrichtung des Rumpfes erfolgen gleichzeitig.

Trainierte Muskulatur

++ Oberschenkelmuskulatur
++ Gesäßmuskulatur
\+ Rückenstreckmuskulatur
\+ Bauchmuskulatur
\+ Oberflächliche Rückenmuskulatur
\+ Wadenmuskulatur
\+ Deltamuskel

Beinmuskulatur

Übungsbeschreibung

1. Stellen Sie sich in 1 ½ Fußlängen Abstand zur Wand.
2. Legen Sie das Thera-Band um einen Oberschenkel und stellen Sie sich mit dem anderen Fuß auf die Bandenden.
3. Ziehen Sie die Unterarme imaginär nach unten und heben Sie den Oberschenkel bis zur Waagrechten an.
4. Beugen und strecken Sie das Standbein.

Variation

– Beugen und strecken Sie zusätzlich das Spielbein.

Ergänzende Übungshinweise

– Halten Sie den Rumpf während der ganzen Übung stabil.
– Strecken Sie sich bis zu den Zehenspitzen nach oben.

Trainierte Muskulatur
++ Oberschenkelvorderseite
++ Gesäßmuskulatur
++ Wadenmuskulatur
++ Hüftbeugemuskulatur
+ Oberarmrückseite
+ Brustmuskulatur
+ Oberflächige Rückenmuskulatur
+ Rumpfstabilisatoren

Übungsprogramme mit dem Thera-Band

Übungsprogramm Aufwärmen

Skilanglauf
(siehe S. 36)

Wiederholungen	Serien	Pause
60 Sek.	2 x	15 Sek.

Beinbeugung und Arme hinter Kopf ziehen
(siehe S. 37)

Wiederholungen	Serien	Pause
20 x	3 x	10 Sek.

Beinbeugung und Armstreckung
(siehe S. 36)

Wiederholungen	Serien	Pause
20 x	3 x	10 Sek.

Laufen (Joggen) gegen den Widerstand
(siehe S. 38)

Wiederholungen	Serien	Pause
60 Sek.	2 x	15 Sek.

Laufen (Joggen) seitlich gegen den Widerstand
(siehe S. 38)

Wiederholungen	Serien	Pause
60 Sek.	2 x	15 Sek.

Nachstellschritte
(siehe S. 39)

Wiederholungen	Serien	Pause
45 Sek.	2 x	15 Sek.

Übungsprogramm Bauch (Einsteiger)

Arme nach vorne ziehen
(siehe S. 45)

Wiederholungen	Serien	Pause
10–15 x	2 x	30–90 Sek.

Arme an den Knien vorbeiziehen
(siehe S. 47)

Wiederholungen	Serien	Pause
10–15 x	1 x je Seite	30–90 Sek.

Oberkörper drehen
(siehe S. 55)

Wiederholungen	Serien	Pause
10–15 x	1 x je Seite	30–90 Sek.

Übungsprogramm Bauch (Fortgeschrittener)

Kopf und Schultern nach oben bewegen
(siehe S. 45)

Wiederholungen	Serien	Pause
15–20 x	2 x	30–60 Sek.

Gegen den Widerstand drücken
(siehe S. 49)

Wiederholungen	Serien	Pause
10–15 x	2 x	30–90 Sek.

Arme zum Knie ziehen
(siehe S. 55)

Wiederholungen	Serien	Pause
15–20 x	1 x je Seite	30–60 Sek.

Übungsprogramm Bauch (Trainierter)

Knie Richtung Decke bewegen
(siehe S. 51)

Wiederholungen	Serien	Pause
15–20 x	2–3 x	30–60 Sek.

Unterschenkel nach außen drehen
(siehe S. 53)

Wiederholungen	Serien	Pause
15–20 x	2 x je Seite	30–60 Sek.

Arme wechselseitig vor- und zurückbewegen
(siehe S. 57)

Wiederholungen	Serien	Pause
30–45 Sek.	2–3 x	30 Sek.

Übungsprogramm Gesäß und Beine (Einsteiger)

Knie nach außen bewegen

(siehe S. 107)

Wiederholungen	Serien	Pause
10–15 x	2 x	30–60 Sek.

Heben und Senken des Beckens

(siehe S. 111)

Wiederholungen	Serien	Pause
10–15 x	1 x je Seite	30–60 Sek.

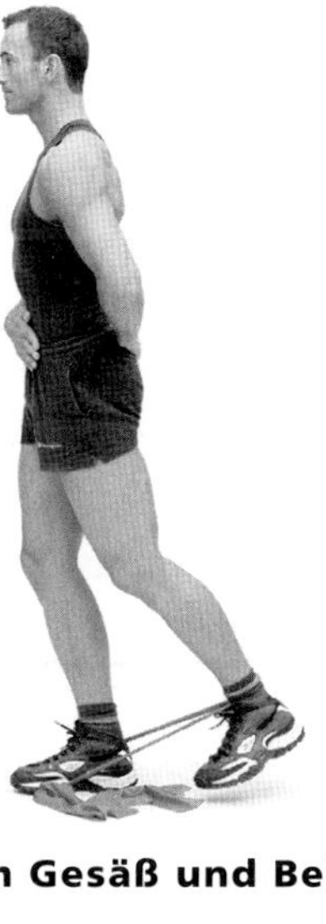

Spielbein nach hinten führen

(siehe S. 115)

Wiederholungen	Serien	Pause
10–15 x	1 x je Seite	30–60 Sek.

Übungsprogramm Gesäß und Beine (Fortgeschrittener)

Spielbein in verschiedene Richtungen bewegen
(siehe S. 115)

Wiederholungen	Serien	Pause
15–20 x	1 x je Seite	30–60 Sek.

Fußsohle zur Decke schieben
(siehe S. 109)

Wiederholungen	Serien	Pause
15–20 x	2 x je Seite	30–60 Sek.

Strecken und Beugen der Beine
(siehe S. 117)

Wiederholungen	Serien	Pause
15–20 x	2 x	30–60 Sek.

Übungsprogramm Gesäß und Beine (Trainierter)

Bücken

(siehe S. 119)

Wiederholungen	Serien	Pause
15–20 x	2–3 x	30–60 Sek.

Bein und Arm abspreizen

(siehe S. 113)

Wiederholungen	Serien	Pause
15–20 x	2 x je Seite	30–60 Sek.

Aufsteigen

(siehe S. 121)

Wiederholungen	Serien	Pause
15–20 x	2–3 x	30–60 Sek.

Übungsprogramm Brust und Arme (Einsteiger)

Unterarm beugen
(siehe S. 103)

Wiederholungen	Serien	Pause
10–15 x	1–2 x je Seite	30–60 Sek.

Unterarme nach außen drehen
(siehe S. 91)

Wiederholungen	Serien	Pause
10–15 x	1–2 x	30–60 Sek.

Arme nach vorne ziehen
(siehe S. 89)

Wiederholungen	Serien	Pause
10–15 x	1–2 x	30–60 Sek.

Übungsprogramm Brust und Arme (Fortgeschrittener)

Ellenbogen nach hinten ziehen

(siehe S. 81)

Wiederholungen	Serien	Pause
15–20 x	1–2 x	30–60 Sek.

Gesundheitsliegestütz

(siehe S. 95)

Wiederholungen	Serien	Pause
15–20 x	1–2 x	30–60 Sek.

Arm strecken und Becken der Gegenseite heben

(siehe S. 83)

Wiederholungen	Serien	Pause
15–20 x	1–2 x je Seite	30–60 Sek.

Übungsprogramm Brust und Arme (Trainierter)

Liegestütz
(siehe S. 95)

Wiederholungen	Serien	Pause
15–20 x	2–3 x	30–60 Sek.

Arme in U-Halte ziehen
(siehe S. 85)

Wiederholungen	Serien	Pause
15–20 x	2–3 x	30–60 Sek.

Dip
(siehe S. 97)

Wiederholungen	Serien	Pause
15–20 x	2–3 x	30–60 Sek.

Übungsprogramm Schulter und Rücken (Einsteiger)

Oberkörper strecken

(siehe S. 59)

Wiederholungen	Serien	Pause
10–15 x	1–2 x	30–60 Sek.

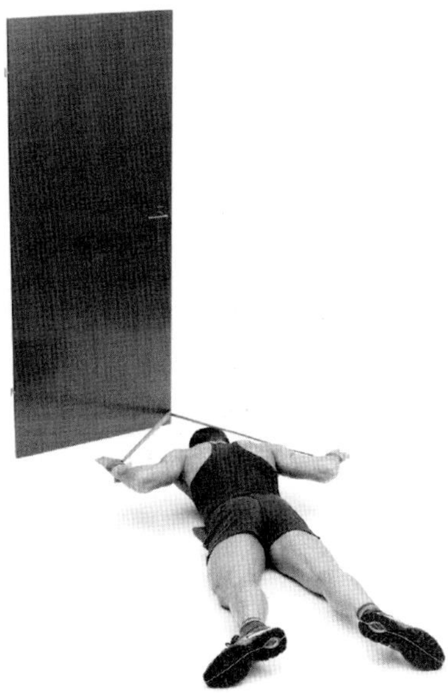

Arme nach hinten ziehen

(siehe S. 63)

Wiederholungen	Serien	Pause
10–15 x	1–2 x	30–60 Sek.

Stabilisieren der aufrechten Haltung

(siehe S. 67)

Wiederholungen	Serien	Pause
10–15 x	1–2 x je Seite	30–60 Sek.

Übungsprogramm Schulter und Rücken (Fortgeschrittener)

Aufrichtemuskulatur

(siehe S. 61)

Wiederholungen	Serien	Pause
15–20 x	1–2 x je Seite	30–60 Sek.

Stabilisieren der aufrechten Haltung

(siehe S. 67)

Wiederholungen	Serien	Pause
15–20 x	1–2 x je Seite	30–60 Sek.

Ellenbogen seitlich nach unten ziehen

(siehe S. 93)

Wiederholungen	Serien	Pause
15–20 x	1–2 x	30–60 Sek.

Übungsprogramm Schulter und Rücken (Trainierter)

Arme nach vorne und hinten strecken

(siehe S. 65)

Wiederholungen	Serien	Pause
15–20 x	2–3 x je Seite	30–60 Se

Thera-Band aus verschiedenen Richtungen ziehen

(siehe S. 75)

Wiederholungen	Serien	Pause
15–20 x	2 x je Seite	30–60 Sek.

Seitstütz

(siehe S. 71)

Wiederholungen	Serien	Pause
15–20 Sek.	2–3 x je Seite	30–60 Sek.

Übungsprogramm Ganzkörpermuskulatur (Einsteiger)

Seitstütz, oberes Bein abspreizen
(siehe S. 71)

Wiederholungen	Serien	Pause
10–15 Sek.	1–2 x je Seite	30–60 Sek.

Unterarmstütz, Knie leicht machen
(siehe S. 73)

Wiederholungen	Serien	Pause
10–15 Sek.	2 x	30–60 Sek.

Aufrichtemuskulatur
(siehe S. 61)

Wiederholungen	Serien	Pause
10–15 x	1–2 x je Seite	30–60 Sek.

Übungsprogramm Ganzkörpermuskulatur (Fortgeschrittener)

Unterarmstütz, Knie anheben
(siehe S. 73)

Wiederholungen	Serien	Pause
15 Sek.	2 x	30–60 Sek.

Bein und Arm abspreizen
(siehe S. 113)

Wiederholungen	Serien	Pause
15–20 x	2 x je Seite	30–60 Sek.

Bein nach hinten, Arm nach vorne strecken
(siehe S. 77)

Wiederholungen	Serien	Pause
15–20 x	2 x je Seite	30–60 Sek.

Übungsprogramm Ganzkörpermuskulatur (Trainierter)

Unterarmstütz, Gehen nach rechts und links
(siehe S. 73)

Wiederholungen	Serien	Pause
15–20 Sek.	2–3 x je Seite	30–60 Sek.

Seitstütz, oberes Bein abspreizen
(siehe S. 71)

Wiederholungen	Serien	Pause
15–20 Sek.	2–3 x je Seite	30–60 Sek.

Bücken
(siehe S. 119)

Wiederholungen	Serien	Pause
15–20 x	2–3 x	30–60 Sek.

Übungsprogramm Dehnung

Hintere Oberschenkelmuskulatur (ischiocrurale Muskulatur)
Bein leicht beugen und Brustbein in Richtung Fuß schieben
Haltezeit: 20–30 Sek.

Hüftbeugemuskulatur
Hüfte nach vorne unten schieben und Oberkörper zum aufgestellten Bein drehen
Haltezeit: 20–30 Sek.

Vordere Oberschenkelmuskulatur (Quadrizeps)
Fuß zum Gesäß heranziehen
Haltezeit: 20–30 Sek.

Unterarminnenseite (Handgelenkbeuger)
Körper nach hinten schieben
Haltezeit: 20–30 Sek.

Beininnenseite (kurze Adduktoren)
Beine nach außen sinken lassen
Haltezeit: 20–30 Sek.

Brustmuskulatur (Mobilisation Wirbelsäule)
Schulter, Arm und Kopf zur Seite drehen
Haltezeit: 20–30 Sek.

Rückenmuskulatur
Wirbelsäule langsam beugen und nach unten sinken lassen
Haltezeit: 20–30 Sek.

Bauchmuskulatur (Entspannung)
LWS unterlagern, Arme und Beine entspannt abspreizen
Haltezeit: 1–10 Min.

Anhang

Der Muskelapparat

Name (lat.)	Bild*	Funktion
Kopfwender (M. sternocleidomastoideus)	X	Kopf seitlich neigen, Kopf zur Gegenseite drehen, Kopf halten
Schultergürtelmuskulatur		
Kapuzenmuskel (M. trapezius)	X	Kopf zur Gegenseite drehen, Schulter heben Schulter zur WS ziehen Schulter senken, Schulterblatt drehen
Schulterblattheber (M. levator scapulae)		Schulterblatt heben
Großer und kleiner Rautenmuskel (Mm. rhomboidei)		Schulterblatt heben und heranziehen sowie am Rumpf fixieren
Vorderer Sägemuskel (M. serratus anterior)	X	Schulterblatt nach vorne ziehen und am Rumpf stabilisieren, Arm über Horizontale heben
Kleiner Brustmuskel (M. pectoralis minor)		Schulterblatt nach vorne unten ziehen, Schultergürtel senken
Schultergelenksmuskulatur		
Großer Brustmuskel (M. pectoralis major)	X	Arm heranziehen, Arm einwärts drehen, Arm nach vorne bringen

* Mit X gekennzeichnete Muskeln in der Tabelle sind in der Abbildung des Muskelapparates enthalten.

Deltamuskel (M. deltoideus)	X	Arm heben, ein- und auswärts drehen, an allen Bewegungen im Schultergelenk beteiligt
Breiter Rückenmuskel (M. latissimus dorsi)	X	Arm senken, einwärts drehen und nach hinten führen
Großer Rundmuskel (M. teres major)	X	Arm heranziehen, einwärts drehen und nach hinten führen
Kleiner Rundmuskel (M. teres minor)		Arm heranziehen und auswärts drehen
Untergrätenmuskel (M. infraspinatus)	X	Arm auswärts drehen, Arm abspreizen und heranziehen
Obergrätenmuskel (M. suprapinatus)		Arm nach vorne und außen heben, Stabilisation Schultergelenk
Ellbogenmuskulatur		
Zweiköpfiger Armmuskel (M. biceps brachii)	X	Ellbogen beugen, Unterarm auswärts drehen, Arm vorwärts heben
Armbeuger (M. brachialis)	X	Ellbogen beugen
Oberarmspeichenmuskel (M. brachioradialis)		Ellbogen beugen, Unterarm drehen
Dreiköpfiger Armmuskel (M. triceps brachii)	X	Ellbogen strecken, Arm heranziehen und rückwärts heben
Runder Einwärtsdreher (M. pronator teres)		Unterarm einwärts drehen, Ellbogen beugen
Auswärtsdreher (M. supinator)		Unterarm auswärts drehen
Handgelenk-Muskulatur		
Radialer Handbeuger (M. flexor carpi radialis)	X	Unterarm einwärts drehen, Handgelenk beugen und zur Speiche hin abwinkeln
Ulnarer Handbeuger (M. flexor carpi ulnaris)	X	Handgelenk beugen und zur Elle hin abwinkeln
Langer und kurzer radialer Handstrecker (M. extensor carpi radialis longus et brevis)	X	Handgelenk strecken, zur Speiche hin abspreizen

Ulnarer Handstrecker (M. extensor carpi ulnaris)	X	Handgelenk strecken, zur Elle hin abwinkeln
Langer Hohlhandmuskel (M. palmaris longus)	X	Handgelenk beugen
Fingerbeuger (M. flexor diditorum superficialis)		Finger und Ellbogen beugen, Handgelenk beugen und zur Elle hin abwinkeln
Fingerstrecker (M. extensor digitorum)		Finger strecken, Handgelenk strecken
Rumpfmuskulatur		
Gerader Bauchmuskel (M. rectus abdominis)	X	Rumpf nach vorne neigen bzw. Becken anheben
Äußerer schräger Bauchmuskel (M. obliquus externus abdominis)	X	Rumpf vorwärts und seitwärts beugen, zur Gegenseite drehen
Innerer schräger Bauchmuskel (M. obliquus internus abdominis)		Rumpf vorwärts beugen sowie zur gleichen Seite beugen und drehen
Querer Bauchmuskel (M. obliquus transversus abdominis)		Bauchraum einengen – Bauchpresse
Viereckiger Lendenmuskel (M. quadratus lumborum)		Rumpf seitwärts neigen, Lendenlordose sichern
Rückenstrecker (M. erector spinae) Medialer Strang: kurze und mittellange Muskel Lateraler Strang: lange Muskeln		Medialer Strang: Wirbelsäule strecken, seitwärts neigen und drehen, haben wichtige statische Funktion Lateraler Strang: ebenso alle Bewegungen der WS bis auf Beugung, haben eher dynamische Funktion
Hüftmuskeln		
Lenden-Darmbeinmuskel (M. iliopsoas)		Hüfte beugen, Lendenwirbelsäule beugen, Bein auswärts drehen
Großer Gesäßmuskel (M. gluteaus maximus)	X	Hüfte strecken, Bein auswärts drehen, Bein teils abspreizen, teils anziehen
Mittlerer und kleiner Gesäßmuskel (M. glutaeus medius et minimus)	X	Bein abspreizen bzw. Becken seitwärts neigen, Bein teils nach innen, teils nach außen drehen

Schenkelbindenspanner (M. tensor fasciae latae)	X	Hüfte beugen, Bein abspreizen, Stabilisierung Kniegelenkstreckung
Oberschenkelmuskeln		
Kamm-Muskel (M. pectineus)	X	Bein heranführen und auswärts drehen, Hüfte beugen
Langer Schenkelanzieher (M. adductor longus)	X	Bein heranführen und auswärts drehen, Hüfte beugen
Schlanker Muskel (M. gracilis)		Bein heranführen und einwärts drehen, Knie beugen
Kniegelenkmuskulatur		
Vierköpfiger Schenkelmuskel (M. quadrizeps femoris)	X	Knie strecken, Hüfte beugen, statische Sicherung der Kniegelenke
Schneidermuskel (M. sartorius)	X	Hüfte beugen, Bein auswärts drehen, Knie beugen, Unterschenkel einwärts drehen
Zweiköpfiger Schenkelmuskel (M. biceps femoris)	X	Hüfte strecken und Oberschenkel heranziehen, Knie beugen und Unterschenkel auswärts drehen
Halbsehnenmuskel (M. semitendinosus)	X	Hüfte strecken und Oberschenkel heranziehen, Knie beugen und Unterschenkel einwärts drehen
Plattsehnenmuskel (M. semimembranosus)	X	Wie Halbsehnenmuskel
Muskeln des Unterschenkels		
Vorderer Schienbeinmuskel (M. tibialis anterior)	X	Fuß hochheben, Fußinnen- oder -außenrand heben
Zwillingswadenmuskel (M. gastrocnemius)	X	Knie beugen, Fuß strecken, Stabilisierung
Schollenmuskel (M. soleus)	X	Fuß strecken
Langer Wadenbeinmuskel (M. peronaeus longus)	X	Fuß strecken, Fußaußenrand heben

Oberflächliche Skelettmuskulatur (von vorn)

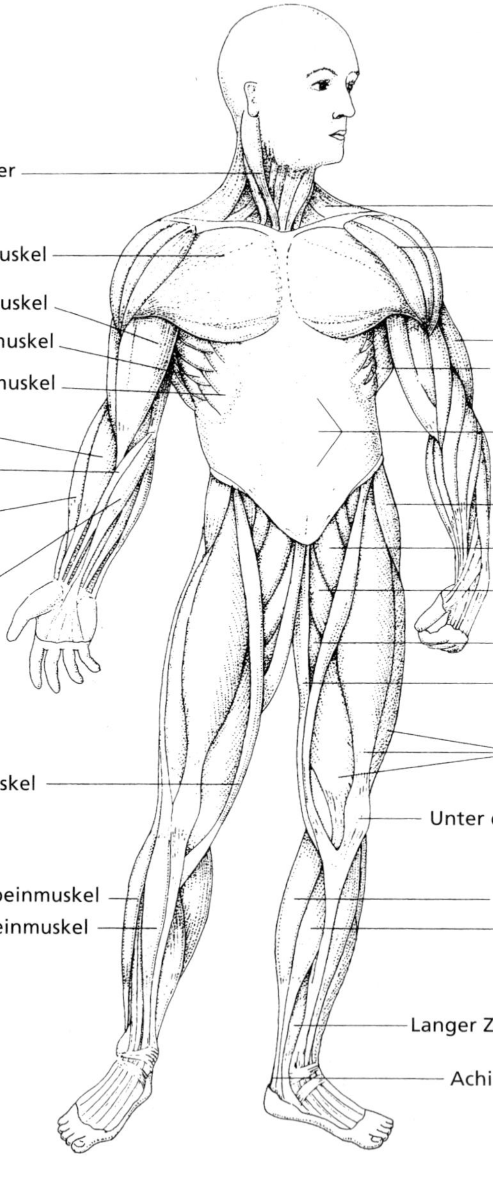

Oberflächliche Skelettmuskulatur (von hinten)

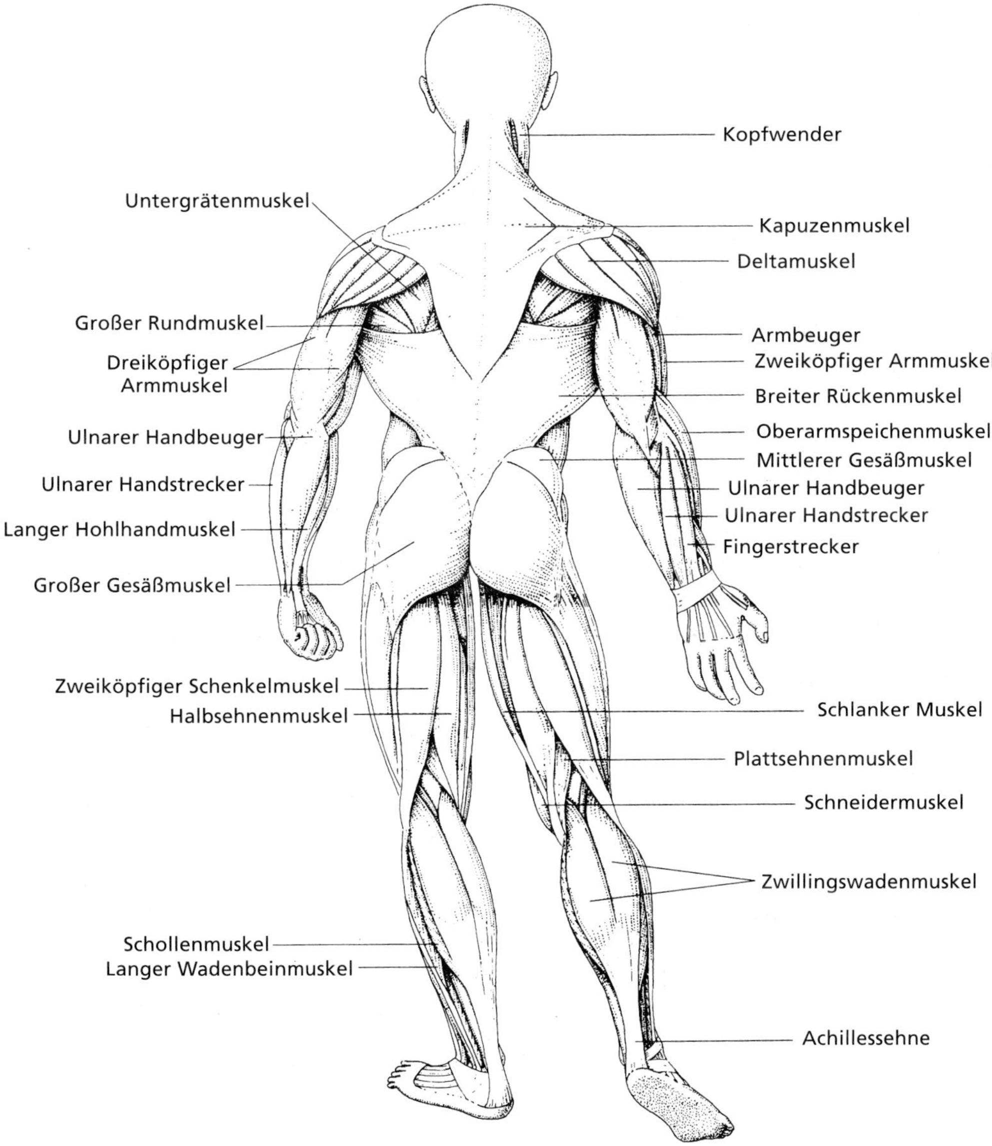

(aus: Mensch, Körper Krankheit: Anatomie, Physiologie, Krankheitsbilder – Lehrbuch und Atlas für die Berufe im Gesundheitswesen, hg. von Arne Schäffler und Sabine Schmidt, Jungjohann Verlag 1994)

Literatur

1 Boeckh-Behrens, W.-U., Buskies, W.: *Gesundheitsorientiertes Fitnesstraining*. Bd. 1. Winsen 1995

2 Bös, K., Multerer, A.: *Allgemeine Fitnessprogramme*. In: DTB (Hrsg.): Das Fitness-Handbuch des Deutschen Turnerbundes. Bd. 1. Frankfurt 1991

3 Bös, K., Multerer, A.: *Fitness testen und trainieren. Der Trainingsbegleiter*. Oberhaching 1988

4 Buskirk, E. R.: *Adipositas*. In: Skinner, J. S. (Hrsg.): Rezepte für Sport und Bewegungstherapie. Deutscher Ärzte-Verlag: Köln 1989, 187–215

5 Cooper, K. H.: *It's better to believe*. Nelson 1997

6 Denner. A.: *Muskuläre Profile der Wirbelsäule, Bd. 2*. Köln 1995

7 Einsingbach, T., Klümper, A., Biedermann, L.: *Sportphysiotherapie und Rehabilitation*. Stuttgart 1988

8 Freiwald, J., Engelhardt, M., Gnewuch, A.: *Dehnen – Möglichkeiten und Grenzen*. In: Therapeutische Umschau 1998 (55), 4, 267–272

9 Fukunaga, T.: *Die absolute Muskelkraft und das Muskelkrafttraining*. In: Sportarzt und Sportmedizin, 1976, 11, 255–262

10 Geiger, U., Schmid, C.: *Muskeltraining mit dem Thera-Band*. München 1997

11 Gutenbrunner, Christoph: *Dokumentation Arbeitswissenschaft, Bd. 22: Muskeltraining und Muskelüberlastung*. Köln 1990

12 Hamm, M.: *Das große Buch der Diäten*. Hamburg 1995

13 Hartmann, J., Tünnemann, H.: *Krafttraining für jedermann*. Berlin 1984

14 Hollmann, W., Hettinger, Th.: *Sportmedizin. Arbeits- und Trainingsgrundlagen*. Stuttgart 1990

15 Israel, S.: *Stehen Kraft und Ausdauer in Konkurrenz zueinander?* In: trainer 1998, 2, 30–33

16 Kempf, H.-D.: *Die Rückenschule*. Reinbek 1990, 1995

17 Kempf, H.-D., Schmelcher, F., Ziegler, C.: *Trainingsbuch Rückenschule*. Reinbek 1996

18 Kempf, H.-D., Schmelcher, F., Ziegler, C.: *Trainingsbuch Thera-Band®*. Reinbek 1996

19 Kempf, H.-D., Lowis, A.: *Fit und schön mit dem Thera-Band*. Reinbek 1999

20 Kieser, W.: *Wie viele Sätze beim Krafttraining?* In: Leistungssport 3/1998, 50–51

21 Kunz, H.-R., Schneider, W., Spring, H., Tritschler, T., Inauen, E. U.: *Krafttraining*. Stuttgart 1990

22 Mellerowicz, H., Meller, W.: *Training. Biologische und medizinische Grundlagen und Prinzipien des Trainings*. Berlin 1980

23 Olivier, N., Auguste, C., Klippel, S.: *Kraft-Dehnungsverhalten von Thera-Bändern*. Augsburg 1998

24 Preibsch, M.: *Muskelfunktionsprüfung*. Unveröff. Konzept 1995

25 Röthig, P.: *Sportwissenschaftliches Lexikon*. Hofmann: Schorndorf 1977

26 Samitz, G.: *Das Wellness-Programm*. Reinbek 1995

27 Schmidtbleicher, D.: *Grundlagen des Krafttrainings*. In: Beuker (Hrsg): Fitness-Heute. Standortbestimmungen aus Wissenschaft und Praxis. Erkrath 1993, 72–78

28 Schmidtbleicher, D.: *Fitnesstraining.* Vortrag Bodylife 1998

29 Spring, H., Dvorak, J., Dvorak, V, Schneider, W., Tritschler, T., Villinger, B.: *Theorie und Praxis der Trainingstherapie.* Stuttgart 1997

30 Stanford, D.: *Forschungs-Update Fettverbrennung: Die Unterscheidung von Tatsachen und Mythen.* In: fitness professionals, 6/1996, 21–23

31 Starischka, S.: *Sportmotorische Tests für Fitnesstraining.* In: Beuker (Hrsg.): Fitness-Heute. Standortbestimmungen aus Wissenschaft und Praxis. Erkrath 1993, 42–53

32 Stemper, T.: *Thema Fettabbau – gibt es wirklich etwas Neues?* In: Sportmanagement, 4/1997, 42–43

33 Strack, A.: *Trainingswissenschaftliche Grundlagen der motorischen Fähigkeit Kraft.* In: trainer, 4/97, 42–46

34 Strack, A.: *Trainingssteuerung und Trainingsplanung im Krafttraining.* In: trainer, 5–6/97, 11–15

35 Strack, A.: *Sportbiologische Grundlagen der Skelettmuskulatur.* In: trainer, 1/98, 8–14

36 Time-Life (Hrsg.): *Die gute Figur.* Amsterdam 1987

37 Tittel, K.: *Beschreibende und funktionelle Anatomie des Menschen.* Stuttgart 1989

38 Trunz, E.: *Abnehmen durch Nachverbrennung, was ist dran?* In: trainer 1998,3, 26–29

39 Verdonck, A., Franke, J.: *Elastische Trainingsbänder und ihr Dehnungsverhalten.* In Zeitschrift Krankengymnastik, 46 (1994), 755–762

40 Wechsler, J. G., Schusdziarra, V., Hauner, H., Gries, F. A.: *Therapie der Adipositas.* In: Deutsches Ärzteblatt, 93 (1996), Heft 36, A-2214–2218

41 Weineck, J.: *Sportanatomie.* Erlangen 1981

42 Weineck, J.: *Sportbiologie.* Erlangen 1988

43 Weineck, J.: *Optimales Training.* Erlangen, 1990

44 Wilmore, J. H., Thomas, E. L.: *Geschlechtsabhängige Unterschiede in der Durchführung von Belastungsuntersuchungen und der Erstellung von Trainingsprogrammen.* In: Skinner, J. S. (Hrsg.): Rezepte für Sport und Bewegungstherapie. Köln 1989, 56–74

45 Wirhed, R.: *Sport-Anatomie und Bewegungslehre.* Stuttgart 1988

Die Autoren

Hans-Dieter Kempf, Jahrgang 1960, Studium der Physik und der Sportwissenschaft an der Universität Karlsruhe. Entwicklung der Karlsruher Rückenschule (www.dierueckenschule.de) 1986, Mitbegründer und Vorstandsmitglied des «Forums Gesunder Rücken», maßgebliche Beteiligung am Aufbau und der Weiterentwicklung der Rückenschulbewegung in Deutschland. Seit 1993 selbständig tätig als Trainer, Projektleiter, Berater und Fachautor (u. a. über 20 Buchveröffentlichungen) sowie als Referent und Lehrbeauftragter für zahlreiche Institutionen. Betreuung verschiedener Präventions- und Rehabilitationsgruppen in Karlsruhe. Im Rowohlt Taschenbuch Verlag sind bereits von ihm erschienen: Die Rückenschule (Nr. 62346), Rückenschule für Kinder (Nr. 61727), Trainingsbuch Rückenschule (Nr. 61618), Trainingsbuch Thera-Band (Nr. 19452), Krafttraining mit dem Thera-Band (Nr. 19484), Rückentraining mit dem Thera-Band (Nr. 61001), Schnellhelfer Rückenschmerz (Nr. 61680), Die neue Rückenschule: der Nacken (Nr. 62744).

Seine Bücher sind in mehrere Sprachen übersetzt.

Andreas Strack, Jahrgang 1966, Studium der Sportwissenschaft an der Universität Saarbrücken. Seit sieben Jahren freiberuflicher Referent und Berater in der Fitnessbranche und der Gesundheitsförderung, u. a. als Pädagogischer Leiter der europaweit größten privaten Bildungseinrichtung der Fitnessbranche, der BSA-Akademie. Ehemaliger Leistungssportler (Speerwurf und Gewichtheben) und Bundesstützpunkttrainer in der Leichtathletik; Leitung einer Fitnessanlage, umfangreiche praktische Erfahrung im Krafttraining. Regelmäßiger Autor für mehrere Fachzeitschriften.

© Horst Lichte

S 9/3

Krafttraining

Kompetente Ratschläge, Tipps und Antworten für Fitness und Bodybuilding

Wend-Uwe Boeckh-Behrens
maxxF. Das Super-Krafttraining
Hocheffektiver Muskelaufbau, intensiver Fettabbau, Basic- und Komplexprogramme
rororo 61077

Wend-Uwe Boeckh-Behrens/ Wolfgang Buskies
Fitness-Krafttraining
Die besten Übungen und Methoden für Sport und Gesundheit
rororo 19481

Supertrainer Bauch
Die effektivsten Übungen
rororo 61028

Berend Breitenstein
Bodybuilding: Massive Muskeln
Die besten Übungen. Schritt-für-Schritt-Fotos. Mit 90-Tage-Programm
rororo 61038

Berend Breitenstein
Die Kraftküche
Einfach, schmackhaft, gesund. Die besten Rezepte für Fatburning und Muskelaufbau
rororo 19496

Die Bodybuilding-Bibel
Natürlich, erfolgreich, gesund.

rororo 61078

Weitere Informationen in der Rowohlt Revue *oder unter* www.rororo.de

MIX
Papier aus verantwortungsvollen Quellen
FSC® C083411

FSC
www.fsc.org

Das für dieses Buch verwendete Papier ist FSC®-zertifiziert.